KB074732

지혜로운 교사는 어떻게 학부모 상담을 하는가?

지혜로운 교사는
어떻게
학부모 상담을
하는가?

학폭 전담 10년차 선생님이 들려주는
초등 학부모 상담 노하우

이상우 지음

지식프레임

13년 전, 늦깎이 초임 교사였던 나는 경기도 포천의 시골로 발령을 받았던 그때를 잊지 못한다. 6학년 전체가 일곱 명뿐인 작은 학급. 그중 아직도 또렷하게 기억나는 한 아이가 있다.

교직에 와서 경험한 첫 학부모 상담이었다. 학기 초, 전화 통화를 하면서 아이가 미숙아로 태어났고 오랫동안 인큐베이터에 있어서 부모님의 애를 태웠다는 사실을 알게 되었다. 그 후 아이 어머니와 상담을 하는데 몇 마디 이야기를 나누다가 어머님께 아이 이름을 말하던 순간 갑자기 울컥 눈물이 나왔다. 너무도 당황스러웠다. 급하게 휴지를 집어들고 닦으려고 하는데 눈물이 더 쏟아지고 손까지 부들부들 떨렸다.

"아, 어머님, 제가 왜 이러죠? 아… 이런 모습 보여드려서 죄송합니다.”

　겨우 감정을 추스르고 상담을 이어갔지만 감정이 북받친 다음이라 정신이 없어서 무슨 말을 어떻게 해야 할지 잘 떠오르지 않았다. 초임 교사 티를 내는 것도 아니고, 시골에서 농사 짓는 바쁜 와중에 시간을 내준 아이 어머님께 너무 죄송했다. 그런데 어쩔 줄 모르는 내게 아이 어머니께선 이렇게 말해주셨다.

　“선생님, 사실 그동안 남자 선생님에 대해 안 좋은 기억이 있어요. 학교에 선생님들 수가 적어서 남자 선생님들의 일이 많은 건 알겠지만, 몸도 약한 우리 아이를 잘 지도해주시지 못하는 것 같아 서운했습니다. 그래서 이번에는 여자 선생님이 되길 바랐는데 남자 선생님이어서 솔직히 약간 실망했었어요. 그런데 오늘 선생님을 뵙고 나니 믿음이 갑니다. 우리 아이, 앞으로 잘 부탁드립니다.”

　내가 한 것이라고는 ‘눈물을 흘린 것’뿐이었는데 어머님은 초임 교사인 나를 믿어주셨다. 이후 친구들에게 엄살을 부린다며 비난을 받고 왕따 비슷한 처지에 있었던 그 아이는 명랑해졌고, 몇 안 되던 남자 아이들 사이에 있던 서열도 옅어지면서 다른 아이들과도 편안하게 어울리게 되었다. 비록 몇 번 문제는 있었지만, 오히려 그런 부분들이 아이에게는 성장의 기회가 되었다.

　그 당시는 이 상황이 정확하게 무엇을 의미하는지 알지 못했다. 이후 교직 경험이 쌓이고, 의사소통 기술을 연구하고, 겁도 없이 매달 학급 학부모 소모임과 전교 단위의 정기적인 부모 교육 소모임을 수년간 매주 운영하면서 비로소 깨닫게 되었다. 그때 나의 눈물은 아픈 아이의 부모님께 교사의 신뢰를 보여주는 증표였다. 뜨거운 눈물이 교사와 부모 사이의 얼음 같은 벽을 녹였고, 교사와 부모가 아이 성장의 여정을 목표로 항해하는 교육이라는 한 배에 오르는 계기가 되었다.

이후 수원의 아파트 밀집 지역 학교로 전근을 왔는데, 오자마자 학년부장님으로부터 '여기 학부모들은 말들이 많으니 가급적 말을 길게 하지 않는 것이 좋다'는 얘기를 들었다. 포천에서 2년간 학부모들과 좋은 기억이 많았기 때문에 과연 도시 학부모들은 그렇게 교사와 학교 교육에 대해 부정적일까 하는 의구심이 들었다. 그 말이 어느 정도 맞기는 했다. 소위 여왕벌이 되려는 아이가 염려되어 학부모 상담 기간에 용기를 내어 말했지만 돌아오는 것은 "선생님은 여학생을 잘 이해 못 하시는군요"라는 답이었다.

그때 나는 연년생 누나와 두 살 아래 여동생과의 성장 과정, 동네 친척 누나들과 놀았던 얘기, 오랜 교회 교사 경력과 임용 전 약 13년 경력의 풍부한 과외 지도 경력까지 언급하면서 교사로서 여학생을 잘 이해하고 있다고 학부모를 설득하려 했지만 결국 실패하고 말았다. 학부모 상담 역시 개운치 않은 것으로 기억 속에 오랫동안 각인되었다.

때로는 학교에서 별일도 아닌데 오라 가라 한다는 학부모의 불평이 돌고 돌아 내 귀에 들어오는 불쾌한 경험도 했다. 이 또한 오랜 고민의 시간이 지나서야 깨달을 수 있었다. 교사로서 학부모에게 학생의 문제 행동에 대해서 자세히 알려주고 부모의 협조를 얻어서 학생을 변화시키고 싶었지만 부모 입장은 또 달랐다. 학부모들은 교사가 자기 아이를 나쁘게 보고 부모인 자신이 가정에서 지도를 잘못해서 그런 것처럼 비난한다고 생각했다. 아이가 잘못한 것은 사실이지만 자녀를 문제아 취급하는 듯한 교사의 얘기를 듣는 것은 부모로서 견디기 힘든 일이었다. 결국 부모도 어찌할 바를 모르니 나오는 반응들이었다.

다행히 교직 경력이 쌓이면서 문제 행동을 말하기 전에 학생을 폭넓게 관찰하고, 학생의 강점과 잠재된 능력에 주목해서 학부모에게는 좋은 점 위주로 충분히 얘기하고, 부정적인 측면은 최대한 객관적인 표현으로 한 가지에 초점을 맞추며 함께 해결 방법을 찾아갔다. 또한 교사로서 아이에게 관심을 갖고 최선을 다하겠다는 약속을 하고 학생이 좋게 변화할 것이라는 희망적인 메시지를 전달했다. 그 결과 상담 전의 부담스러운 마음이 안도와 변화에 대한 기대로 바뀌는 경험을 자주 했다.

개인적으로도 인성부장을 오래 맡고 열악한 학구의 학교에서 학교 폭력 사안 조사를 도맡아 하면서 주변 교사와 학부모로부터 학교 폭력 문제의 베테랑 교사로 인정을 받았다. 학부모 상담도 별 어려움이 없었고 상담에 대한 좋은 기억이 많이 남았다. 그런데 최근 몇 년 사이, 학부모에 의한 교권 침해가 급증했다. 학교 폭력 문제와 아동학대 시비가 커지고, 학생 지도에 대한 학부모의 다양하고 세밀한 요구가 늘어나면서 교사로서 학부모 상담을 하기가 무척 힘든 시기가 되었다. 학부모 상담 전문가로서 자부심을 가졌던 나 역시 충분한 신뢰를 얻었다고 생각한 학부모로부터 학급의 학교 폭력 문제를 제대로 처리하지 않았다며 일주일 넘게 비난을 받았다. 나중에 아이 아버지가 교육지원청과 국민신문고에 민원을 넣고, 교장실까지 찾아가 고성을 질렀다. 각종 맘카페나 SNS는 물론이고, 법률로 무장한 학부모들이 교사와 학교를 불신하니 이제 더 이상 학부모 상담은 불가능한 것이 아닐까 의심이 될 정도로 깊은 좌절에 빠졌다.

한동안 몸과 마음에 상처를 많이 입어서 1년 동안 다른 업무를 하다가 학교 폭력 관련 업무를 다시 맡았다. 대학원에서 상담을 전공하고 실천교육 교사 모임에서 교권보호팀장과 전교조 경기지부에서 교권국장으로 일하면서 수많은 교사들을 상담했다. 그렇게 교사들을 도우면서 학부모 상담에 대한 시야가 넓어졌고 해결의 실마리를 찾을 수 있었다. 그 실마리를 바탕으로 사례 위주로 자세히 풀어낸 것이 바로 이 책이다.

학부모 상담의 여건이 힘들어진 것은 사실이지만, 여전히 교사의 진심은 통한다. 그 진심을 가능하게 하는 노하우 역시 분명 존재한다. 또한 아무리 교사가 최선을 다하더라도 지식과 경험, 입장의 차이로 인한 한계 또한 분명히 있다. 하지만 그 한계를 담담히 인정하고 학급의 교육 전문가인 교사로서 한 아이의 양육 전문가인 학부모와 서로를 인정하고 존중하면서 어떻게 해서든 협력을 이끌어내기 위해 고민하고 실천하는 것이 교사가 할 수 있는 일이기도 하다.

아무리 경험이 쌓이고 상담에 능한 교사라 할지라도 학부모 상담이 부담스럽기는 매한가지다. 그럼에도 교사가 학부모 상담을 놓지 못하는 것은 학부모 상담을 피하기만 하면 잠시 동안은 불편한 것을 피할 수 있겠으나 나중에는 베테랑 교사도 감당 못 할 정도로 문제가 커지게 된다는 사실을 알고 있기 때문이다. 처음에는 떨리고 서로에게 불편한 마음이 있지만, 학생을 충분히 관찰하고 깊게 이해하는 가운데 학부모와의 만남을 준비하면 된다. 그러면 상담 과정에서 부모의 양육 방식을 파악하고 학생을 성장으로 이끄는 실마리를 함께 찾을 수 있다.

학부모 상담을 하지 않으면 교사와 학부모가 신뢰와 협력의 관계를 이룰 수가 없다. 교사와 부모 사이에 있는 학생이 학교에서 경험한 부정적인 정보는 과장하고, 긍정적인 부분은 왜곡해서 학생의 문제는 점점 커진다. 교사에 대한 학부모의 불신은 골이 깊어져서 학년을 마칠 때까지 불편한 관계가 지속된다. 때로는 학부모가 교사의 수업과 생활 지도 방식까지 문제 삼고 교사를 곤경에 빠트려 결국은 교사의 건강과 신분의 안전이 위태로워지기도 한다. 그러니 교사의 안전과 보호를 위해서라도 학부모 상담은 안 하는 것보다는 하는 것이 낫고, 혼자서 하기보다는 여러 사람들의 지혜를 모아서 준비된 상담으로 하는 것이 효과적이다.

학부모 상담을 하다 보면 실패할 것 같을 때도 있고 성공한 것 같을 때도 있다. 때로는 애매모호한 실패와 성공의 어느 지점에 있을 수도 있다. 교사는 매년 학부모 상담을 한다. 심지어는 코로나 시기에도 문자와 전화로, 필요하면 면대면으로 상담을 이어간다.

이 책을 통해 학부모와의 만남에 대한 부담은 줄어들고 자신감이 더해지는 기회가 되길 소망한다. 책에 소개된 다양한 노하우와 지혜를 통해 학부모 상담에 대한 선생님들의 경험이 더욱 풍부해지고 깊어지기를 바란다. 저자 역시 지속적인 소통과 충분한 만남으로 많은 선생님들이 보다 강한 학부모 상담 근육을 만들 수 있도록 도울 것이다.

Contents

까다로운 학부모와
평화로운 관계 맺기를 위한
상담 지침서

Part 1
학부모 상담의 현실

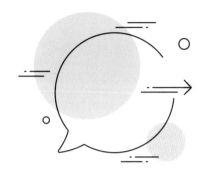

학부모 상담,
트렌드가 변하고 있다

　6년간의 대화법 연구와 학부모 교육 소모임 운영, 그리고 3년간 상담대학원 과정을 공부하면서 학부모 상담에 관한 이론과 실천, 나눔의 피드백이 충분했다고 생각했다. 다양한 학부모와 온갖 상황을 맞닥뜨리면서 매년 백 명 이상의 학부모를 상담했고, 이 과정에서 칼 로저스의 인간 중심 접근법과 하임 기너트의 감정 코칭, 토마스 고든의 부모-교사 역할 훈련, 마샬 로젠버그의 비폭력 대화 이론들을 학부모들과 함께 배우고 나누었다.

　성공과 실패, 애매모호함, 새옹지마 같은 상담의 흐름 속에서 처음에는 학부모의 마음을 이해하는 데 주력했다. 정신분석학과 가족 치료를 연구하면서는 우리 아이들의 부모들 또한 자신의 부모들로부터 많은 '영향을 받았음을 알 수 있었다. 또한 교사를 대할 때 불편해하는 부모들의 마음도 이해가 되었다. 그러면서 나는 한 아이의 양육 전문가인 부모와 학급의 교육 전문가인 교사가 아이의 성장을 목적으로 한 팀으로 만나 협력적 관계를 만들어갈 수 있다는 확신을 얻게되었다.

이런 경험을 바탕으로 2019년부터 교사들과 학부모 상담 연수를 이어오고 있다. 그런데 이 같은 나의 확신과 경험에 변수가 생겼다. 그것은 바로 변화된 학부모들의 모습이다. 내 아이에게만 관심을 갖고, 내 아이에게 조금이라도 피해가 있으면 그동안 아무리 담임의 학급 운영 방식을 믿고 지지한 학부모라도 민감하게 반응한다. 그간의 서운함을 한꺼번에 쏟아내며 강력한 시정 조치를 요구하는 학부모가 한둘이 아니다.

아무리 담임을 신뢰하는 것 같아도 내 아이에게 피해가 간다고 생각하면 학부모들은 감정적으로 돌변한다. 무조건 학폭위 개최를 요구하는 경향도 늘고 있어 교사의 상담 피로도는 어느 때보다도 높다. 때로는 교사의 훈육 방식을 폭행이나 협박, 모욕죄로 문제 삼는 경우도 있다. 생활 지도 과정에서 학생의 예의 없는 행동과 교권 침해에 대해서 무리하게 아이를 바로잡으려다가 도리어 교사가 궁지에 몰리는 경우도 쉽게 볼 수 있다.

몇 년 전만 해도 학부모 상담에는 학부모와의 신뢰 형성, 경청, 공감, 정보 제공, 협력적 해결 방안 탐색, 부모 교육을 강조했다. 그런데 지금은 교권 보호, 교사의 사생활 보호, 교사의 건강, 공감은 할 만큼만, 때로는 직면과 단호한 조치 등을 강조하기에 이르렀다. 그만큼 학부모 상담 여건이 나빠졌다는 얘기다.

실제로 교육 현장에서 만나는 학부모들의 모습은 매우 다양하다. 특히 아이 말만 듣고서 편향적 상상으로 교사를 불신하고 압박하는 학부모들이 점점 증가하는 추세다. 부모가 학창 시절 받았던 교사에 대한 상처를 자녀의 교사에게 화풀이라도 하듯 폭언으로 쏟아내는 경우도 있다. 물론 교사의 학급 운영을 신뢰하거나 비록 절대적으로 지지하지는 않아도 이를 이해하는 학부모가 80퍼센트 정도는 된다. 하지만 나머지 20퍼센트 학부모들과 갈등 문제가 폭발하면 교사들은 계속 시달릴 수밖에 없다. 이런 상황은 좀체 나아지지 않는다. 아이까지 부모 눈치를 보니 상황은 더욱 나빠질 수밖에 없다.

학부모 상담은 과연 상담이 맞을까?

학교에서 교사와 학생의 관계는 그 무엇보다 중요하다. 관계가 너무 가까우면 아이들이 자유를 넘어 방임으로 흘러서 학급 질서가 어지러워지고, 너무 엄격하게 과업 중심으로 대하면 아이들이 빈둥하고 교사와 학생 사이가 벌어져서 설득 교육적인 영향력을 미치기 어려워진다.

최근 들어 PDC(학급 긍정 훈육)나 회복적 생활 교육이 각광받고 있으나 실제로는 언제 부드럽게 하고 언제 단호하게 할지 명확히 구분이 안 될 때가 많고, 과연 벌과 보상 없이 학생들을 제대로 지도할 수 있을지 염려되기도 한다. 이런 상황에서 민주적인 학급 분위기를 만들고 학생과의 관계를 원활하게 하면서 함께 규칙을 만들어가고 학급의 문제를 협력적으로 해결하기는 쉽지 않다.

상담 이론 책에 나오는 내용들은 보통 '이중관계'가 아닌 상담자와 내담자의 만남을 전제로 한다. 다시 말해, 평소에 아는 사람 혹은 다른 일로 연결된 사람이 내담자를 만나서 상담하기는 어렵다는 얘기다. 따라서 학교에서 하는 상담은 엄밀히 말하면 상담 이론에서 말하는 상담이라고 보기 어렵다. 결론적으로 교실에서의 상담은 교육 상담이라 할 수 있다. 교육 전문가인 교사가 진행하는 상담인 것이다.

교사는 교육 전문가로서 학생과 학부모를 만난다. 이는 교육을 전제로 하며 무조건적인 긍정과 진솔함, 공감적 이해를 바탕으로 하는 상담과는 다를 수밖에 없다. 상담 이론에서 다루는 상담 기술이 학교 상담에 도움을 주는 것은 맞지만 교육 상담은 나름의 특징을 가진다. 학부모 상담은 때로는 교사와 학부모 간의 대화(간담회)로서의 성격을 띠기도 하고, 학부모에게 도움이 될 수 있는 자녀 교육법에 대한 코칭이 이뤄지기도 한다. 학생 상담의 경우도 촉진적인 상담이라기보다는 주로 학생이 학교생활에 적응할 수 있도록 돕는 상담 방식으로 이루어진다. 학교에서는 주로 학생이 학교생활의 어려움을 호소하거나, 교사가 봤을 때 학생에게 상담이 필요할 때 교사가 먼저 상담을 제안한다. 아무래도 학생이 제안하기보다는 교사가 학생이 벌이는 문제에 대해 상담하는 것이 보통이다.

학교 상담의 이동성

일반적인 상담은 여러 사람과 이뤄지지 않는다. 1인의 상담자와 내담자 사이의 상담이 전부다. 다시 말해 한 명의 내담자가 두 명의 상담자를 동시에 두고 진행하는 일은 극히 드물다. 그런데 학교 상담은 교실에서 담임 교사와 이루어지기도 하고, 위클래스 상담사와 상담이 이뤄지기도 한다. 또 학교 폭력의 경우에는 교감과 책임 교사, 담임 교사 등이 학생 또는 학부모와 상담을 하기도 한다. 필자의 경우 생활인성부장으로 관련 학생과 학부모를 만나기도 하고, 관련 학생의 동의를 얻어 이들과 동시에 만나서 사과와 화해의 자리를 갖기도 한다. 때로는 교감이 담임 교사, 혹은 책임 교사와 함께 관련 학생 학부모와 함께 상담을 진행하기도 한다.

최근에는 한 학생이 다른 반 학생과 문제를 일으켜서 자기 반 교사와 상담을 한 뒤에 다른 반 교사와 상담을 하기도 하고, 때로는 이 학생이 집에 가서 불만을 토로해서 이 학생 학부모와 다른 반 교사, 혹은 담임 교사와 상담이 이어지는 경우도 있다. 전에는 주로 담임 교사와 아이의 어머니가 상담하는 경우가 대부분이었으나 이제는 다양한 가족 형태가 등장하면서 아버지, 할머니, 혹은 이모나 고모가 학교에 찾아와 상담하는 일도 늘고 있다. 특히 아버지가 학교 상담에 적극적으로 나서기도 하고, 학군에 따라서 동네에 친분 있는 소위 '엄마 친구인 이모'가 같이 오기도 한다.

위클래스의 상담도 활발하게 이뤄지는 편이다. 몇 년 전까지만 해도 학생이 수업 시간에 위클래스에 가서 상담사와 상담하는 것은 상상하기 힘들었으나, 지금은 학부모의 동의가 있으면 수업 시간이라도 상담을 진행할 수 있다. 특히 수업 시간에 분노 조절이 안 되는 학생이나 학생이 도저히 수업을 들을 수 없는 상황인 경우, 교무실에 가서 교감의 지도를 받거나 위클래스 상담사나 복지사와의 상담을 통해 마음을 추스르고 수업을 들을 준비가 되도록 담임 교사가 안내하기도 한다.

경우에 따라서 위센터, 지역의 청소년 정신건강 보건 센터, 청소년 상담 센터도 학생들이 양질의 상담을 받을 수 있는 좋은 기회가 된다. 갈수록 학교가 상담해야 할 학생들의 숫자가 증가하고 있고, 학교에서도 감당하기 힘든 경우가 많기 때문에 이제는 학교에서만 상담할 것이 아니라 학교 밖과 연계하여 학생의 적응을 도울 필요가 있다. 이러한 역할을 감당하기 위해선 학교 관리자가 상담에 대해서 적극적인 마인드를 가져야 하고 담임 교사들도 학생을 상담실에 보내는 것을 꺼리지 말아야 한다. 학교 안팎을 연결하는 데는 위클래스 상담사와 학교나 복지관의 복지사, 교육청의 위센터 역할이 매우 중요하다.

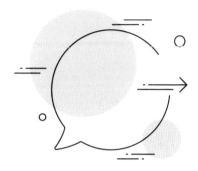

80년대생
학부모의 등장

요즘 학부모들은 전과는 많이 다르다. 기존과는 다른 새로운 80년 대생 학부모들이 출현했기 때문이다.

60~70년대생 학부모들은 의사소통은 약간 미숙하지만 그래도 학교에 대한 신뢰와 예의가 있었다. 학창 시절에 대한 향수와 교사에 대한 고마운 기억이 있기에 애매한 일이 있어도 '다른 무슨 이유가 있겠지' 하는 이해의 마음을 갖고 있는 경우가 많았다. 간혹 교사와 언쟁을 해도 대화를 통해 오해가 풀리면 다시 신뢰가 회복되었으며, 이렇게 다져진 신뢰는 이후 아이가 다치거나 갈등 상황이 생겨도 어렵지 않게 풀 수 있는 원동력이 되었다. 학교 폭력이나 심한 문제 행동이 있어도 교사로서 고민하고 참으면서 지혜를 발휘해서 이겨낼

수 있는 의지와 노력을 유지할 수 있었다.

　그런데 80년대생 학부모는 기존의 학부모들과 질적으로 다르다. 이 부모들은 주로 외동이거나 형제가 적어 부모의 사랑을 많이 받은 세대로, 중고등학교 때 정치 민주화가 이뤄진 90년대 중후반 대중문화의 황금기를 만끽했다. 반대로 IMF 경제 위기로 평생직장의 신화가 무너지면서 실업 사태와 자영업 붕괴로 힘들어하는 부모의 모습을 지켜보기도 했다. 80년대생 학부모들은 대체로 2000년대의 자유로운 사회 분위기를 경험하여 개성이 분명하고 자기 욕구를 표현하는 것에 솔직하다. 80년대생 학부모라 명명하였으나, 어쩌면 이미 독재정권이 붕괴하고 문민정부가 수립된 93년 무렵 등장한 X-세대(40대 후반의 93~94학번 대학생) 이후부터 새로운 세대의 등장은 열렸다고 봐야 할 것이다. 인터넷 포털 사이트에 교사의 학생 인권 침해 관련 뉴스가 나오면 해당 기사에는 '교사에게 부당하게 폭력을 당한 네티즌의 경험'을 담은 수백 개의 댓글로 도배가 된다. 이런 경험을 가진 사람들은 학창 시절 겪었던 교사에 대한 부정적인 감정을 지금의 교사들에게 투사할 가능성이 매우 높다. 특히 학교가 학교 폭력을 방관하거나 무마하려 한다는 관련 뉴스를 자주 접한 지금의 학부모들은 자녀에 대한 불안과 걱정이 매우 크기 때문에 학교 폭력 사안에 대해서 평화적으로 해결하기보다는 엄벌주의로 가야 한다고 생각하는 경우가 많으며, 이런 분위기는 점차 확대되고 있다.

예전의 학부모들이 교사를 '교사'로 보았다면, 지금의 학부모는 '교육 서비스 공급자'로 바라본다. 교사의 감정적 소진이 크다 보니 교사 자신들조차도 우리는 '감정 노동자', 심하게 말하면 '감정 쓰레기 배출구' 같은 느낌이 든다고 종종 얘기한다. 그만큼 교사에게 요구하는 것은 많아졌지만 감사 표현은 드물어졌다. 전에는 학기 초의 신뢰가 2학기 말까지 이어졌다면, 지금은 한 건 한 건마다 신뢰가 생겼다가 바로 없어진다. 물론 말없이 지지하는 학부모들도 분명 있다. 그러나 많은 학부모들은 매 사건마다 신뢰가 제로인 상태에서 교사를 바라보는 경향이 있다.

더 큰 문제는 아이에 대해 충분히 얘기를 나누고 교사를 지지한다는 감사 표현까지 했던 학부모라도 막상 자녀가 아픔이나 불이익을 당하는 상황이 닥치면 언제 그랬냐는 듯이 감정적으로 민원을 쏟아내는 학부모로 돌변한다는 것이다. 특히 학교 폭력과 관련해서 갈등이 커지면 교사는 밤낮으로 학부모 민원에 시달린다. 가해자 측은 아이에게 가혹하다고 담임 교사를 원망하고, 피해자 측은 솜방망이 처벌이라면서 아이가 보호받지 못하고 있다고 담임 교사를 원망한다. 중간에서 교사는 계속 시달리는 존재가 된다. 학교 폭력은 감기란 말도 있으나, 최근에는 감기가 아니라 꽤 오래 가고 자주 오는 독감이 되어가는 것처럼 느껴진다.

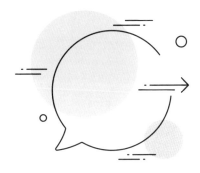

학교 상담에 오는
학부모의 심리

교사들은 하나같이 갈수록 학부모 상담이 어려워진다고 입을 모은다. 그런데 아이러니한 것은 교사만 그런 게 아니란 점이다. 교사도 학부모 상담이 두렵지만, 학부모도 두렵기는 마찬가지다. 둘 다 두려운 건 마찬가진데 누가 먼저 들키느냐의 문제라고나 할까.

교사 입장에서는 아이의 잘못을 부모에게 말해서 협조를 요청하고 싶어 한다. 반면 학부모는 몇 개월밖에 생활하지 않은 교사가 자녀의 잘못을 얘기하면 쉽게 수치심과 분노를 느낀다. 이건 부모가 이기적이어서가 아니라 학부모의 뇌 구조가 자녀의 성공과 실패를 자신의 것과 동일시하기 때문이다. 오죽하면 교사가 학부모가 되어 자기 아이의 담임 교사와 상담할 때 똑같은 감정을 갖게 되고, 그동안 교사로서 자신이 학부모에게 말로 했던 만행(?)을 비로소 깨닫게 된다고 한다. 결국 아무리 교사가 좋은 의도로 얘기해도 학부모 입장에서는 불편할 수밖에 없다는 얘기다.

문제 행동 때문에 교사에게 전화를 받았을 때 학부모는 어떤 마음일까? 교사의 입장에 대입해보면 교장이 갑자기 인터폰을 해서 교장실로 오라는 말과 비슷하다. 핸드폰 화면에 갑자기 담임 교사의 이름이 뜨면, 학부모들은 모두 초긴장을 한다. '우리 아이가 무슨 사고를 쳤을까?' 하고.

학교 상담에 대한 학부모들의 마음을 들여다보자.

첫째, 학부모도 두렵기는 마찬가지다. 가능하면 안 하고 싶은 것이 학부모 상담이다. 특히 아이 문제로 학교에 불려간 경험이 있는 학부모라면 더 말해 무엇하겠는가.

둘째, 교사가 자신의 아이를 나쁘지 않게 보기를 바라는 마음이다. 내 아이를 나쁘게 보는 것은 마치 자신을 비난하는 것 같은 느낌을 준다. 학부모도 나름 애쓰고 있지만, 나아지지 않는 것을 어떻게 하겠는가?

셋째, 학부모는 아이의 성공과 실패를 자신의 것과 동일시하는 경향이 있다. 특히 우리나라의 경우 남보다 잘했을 때 더 큰 만족감을 얻는다.

넷째, 교사는 국민의 봉사자인 공무원이기 때문에 내 아이를 위한 학부모의 요구를 교사가 수용하기를 바라는 마음이 있다.

다섯째, 전문 상담이나 정신과 검사에 대해 반감을 가질 수 있다. 우리 아이는 안 그럴 것이라는 저항이 크다. 혹시나 아이 상태에 대한 걱정이 생겨도 두려움 때문에 자꾸 미룬다. '결과가 안 좋게 나오면 어떻게 하나?' 하는 두려움 때문이다.

실제로 학부모들에게 학교 상담에 대한 기대와 생각을 질문했는데 아래와 같이 대답했다.

• 학부모의 부담스러운 마음을 알아주세요.

- 상담 가는 학부모 마음은 항상 조심스럽습니다.
- 교사가 갑이라고 느껴질 때가 있습니다.

• 아이에게 관심을 가져주세요.

- 학부모 상담에 갔는데 누구의 학부모인지 몰라서 서운했습니다.
- 아이에 대해 알려주지는 않고 "어느 부분이 궁금한지 말씀해보세요"라고 물으실 때 당황스러웠습니다.
- 심하게 문제를 일으키지 않으면 별로 할 말도 없다는 듯했습니다.
- 특별한 정보 제공 없이 형식적인 상담 분위기였습니다.

- 개인적인 의견으로 한 아이의 미래를 단정 짓듯 표현하는 말에 교
  사에 대한 신뢰가 떨어졌습니다.
- 아이가 조용하고 착하니까 관심을 잘 받지 못하는 것 같습니다.
- 지나치게 강한 표현에 상처를 받았습니다.

- 가정에서 많은 것을 배워서 오길 바라는 교사가 있습니다.
- 학교에서 할 것이라고 생각했는데, 과제를 많이 내주어 결국 그것
  은 부모의 과제가 됩니다.
- 수업 시간에 다른 일을 하는 교사가 있습니다.

학부모와의 관계에서 첫 단추를 끼우는 3월은 매우 중요하다. 학기 초에 가정으로 정성을 담은 편지를 보내자. 여기에는 교사가 된 이유와 담임 교사로서의 마음가짐, 올해 학급을 어떻게 운영할 것인지에 대해 간단히 안내한다. 그리고 핸드폰 문자나 아이를 통해 담임 교사가 미리 가정으로 전화를 할 거라고 알린 후,

하루에 네댓 명의 학부모에게 전화 통화로 인사를 나누자. 학부모가 담임 교사에게 기대하는 것이 있다면 이를 경청하고, 교사가 아이에 대해 알아야 할 부분이 있는지 물어보자. 어찌 보면 매우 번거로울 수 있지만 학기 초 교사와 학부모가 서로 신뢰를 쌓을 수 있는 좋은 기회가 되고, 나중에 학교 폭력 사건이 발생해도 부드럽게 담임 종결로 끝나게 되거나 정식 절차를 밟게 되더라도 보다 부드럽게 마무리하여 교사의 수고를 덜 수 있다.

3월에 있을 교육과정 설명회 및 학부모총회에서는 학급 운영에 대한 간단한 안내와 함께 궁금한 점을 안내한다. 이때 앉을 책상과 의자를 반원이나 원 모양으로 배치하고, 시간적인 여유가 있을 경우 '자녀를 키우면서 가장 행복했던 경험'을 잠시 나누면 분위기가 훨씬 편안해진다.

1학기 상담은 아이에 대한 정보를 충분히 듣는 자리로 마련하겠다는 취지를 미리 가정에 안내한다. 담임 교사가 아이를 칭찬하며 긍정적인 관심을 갖고 있다는 것을 간단히 말한 뒤 아이에 대한 정보를 경청하자. 2학기 때는 긍정적인 행동과 문제 행동을 균형 있게 나누되, 평가적인 용어를 삼가고 관찰과 일화 중심으로 이야기하며 함께 자녀의 성장을 모색하는 것이 바람직하다.

질병으로 인한 아이의 지각이나 결석은 문자 메시지로 알려달라고 미리 당부하고, 해당 메시지가 오면 '네, 알겠습니다'보다는 아픈 아이와 걱정하는 부모의 마음을 공감하고 아이의 쾌유를 비는 메시지를 보내면 아이와 부모에 대한 교사의 따스한 관심이 전해져서 신뢰 형성에 큰 도움이 된다.

특히 한 달에 한 번 정도는 아이를 칭찬하는 메시지를 보내라고 권하고 싶다. 번거롭고 부담스러울 수도 있지만, 이렇게 쌓인 교사에 대한 신뢰는 추후 문제가 생겼을 경우 사건을 원활하게 해결하는 데 큰 힘이 된다. 진심은 언젠가는 통한다.

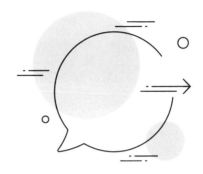

교사도
학부모 상담이 부담스럽다

학부모 상담이 부담스러운 것은 경력이 많은 교사나 경력이 적은 교사나 매한가지이다. 여기에는 여러 가지 이유가 있다. 우선 학부모에게 상담을 권할 정도면 이미 더 이상 교사 혼자 감당하기 어려운 지경에 이르렀다는 의미이다. 말이 학부모 상담이지 학생 상담의 연장선상에 있는 것이 학부모 상담이다.

교사는 학부모에게 아이의 현재 모습을 알려주려고 하지만, 그것을 인정하는 학부모는 현실적으로 많지 않다. 오히려 교사가 아이를 나쁘게 본다고 오해한다. 심한 경우 '선생님이 우리 아이를 이해하지 못한다', '작년에는 안 그랬는데, 선생님 만나더니 그렇다', '애가 선생님 때문에 학교 가기 싫어한다'며 교사를 탓하는 경우도 흔하다.

오죽하면 교사들 사이에서도 '아이와 해결되지 않는 문제는 학부모를 만나도 해결되지 않는다'는 말이 폭넓은 지지를 얻고 있겠는가.

교육적 영향력에 대한 일반적인 이론에 따르면 학부모의 영향력이 70~80퍼센트이고, 교사의 영향력이 20~30퍼센트라는 말이 있을 정도로 이미 가정에서 잉태된 아이의 문제가 학교에서 달라지기는 쉽지 않다. 더구나 학부모는 그대로인데, 교사는 매년 바뀐다. 이런 상황에서 1년 안에 교사가 아이를 변화시키기 위해 할 수 있는 일이 얼마나 될까?

교사들은 이미 학부모와의 불쾌한 경험을 여러 번 겪었다. 좋은 의도로 조심스럽게 아이 얘기를 해도 학부모가 받아들이지 않으니 기분만 상한다. 후회의 감정이 몰려온다. 부모와 싸우고 아이를 다시 보려니 계속 신경이 쓰인다. 이 녀석이 집에 가서 또 무슨 말을 할까 싶어 걱정도 된다. 교사로서 더는 할 수 있는 것이 없다는 무력감 때문에 교단에 설 의욕마저 꺾인다.

10년 전만 해도 학교 폭력 문제로 상담하는 경우는 적었고, 최근 6~7년 전만 해도 간혹 학생 및 학부모 상담에서 어려움이 있는 경우는 있어도 진정성 있게 대화하면 어느 정도 회복되고 마무리가 좋았던 적이 많았다. 그런데 최근 3~4년 사이에는 학생 생활 교육과 상담이 갈수록 힘들어지고, 이는 학부모 상담의 어려움으로 이어지는 경우가 잦아졌다.

예전에는 주로 '학생 생활 지도와 상담'이란 주제로 연수가 마련되었다면, 최근에는 아예 '학생 상담과 학부모 상담', 혹은 독립 주제로 '학부모 상담', '학부모 상담 및 민원 처리' 등의 주제가 많아졌다. 갈수록 학생과 학부모 상담이 교사에게 매우 부담스럽고 어려운 일이 되었다는 방증이라 하겠다.

예전에는 교사와 학부모가 대립 구도가 되었다가도 이후 신뢰를 쌓아서 서로 풀리는 경우가 많았지만, 지금은 공격적이고 감정적인 민원 제기로 이어진다. 교장실, 교육청, 국민 신문고로 민원을 넣는 것은 물론이고, 해결 과정 중 교권 침해가 벌어지는 일도 있으며, 민사상 혹은 형사상 법적 절차를 선택하는 부모들도 늘어나고 있다. 이 때문에 교사도 병가나 휴직을 내고, 학생 지도 과정 중 교사가 저지른 실수나 잘못을 학부모가 문제 삼아 담임이 교체되거나 학년 말에 행정 내신을 내는 일까지 발생한다.

처음에 이런 얘기를 들었을 때는 일반적이지 않은 얘기라고 생각했고, 교사가 오죽 잘못했으면 그랬을까 하는 생각도 들었다. 하지만 알고 보면 교사가 학생을 상담하고 지도하는 과정에서 생기는 사소한 오해와 잘못을 침소봉대하고 무리하게 교사의 책임을 묻는 경우가 많은 것이 현실이다. 그러니 교사를 보호하기 위한 보험 가입이 증가하고, 교사들 역시 자신의 안전을 위해 보험 가입의 필요성에 동감하는 경우가 많아졌다.

이런 상황에서 학부모 상담이 과연 도움이 얼마나 될까 하는 의문도 든다. 주변에서 학부모 상담의 좋은 경험을 나누기도 힘들다. 힘들어하는 다른 교사 앞에서 내가 좋았던 상담 경험을 말할 수 있는 분위기도 형성되어 있지 않다. 물론 힘들었던 상담 경험을 말하는 일도 조심스럽다. 자칫 교사로서 나의 치부가 드러나는 것 같고, 상대방의 공감 또한 형식적인 것으로 느껴지기 때문이다. 이래저래 학부모 상담은 교사들에게 결코 쉽지 않은 숙제다.

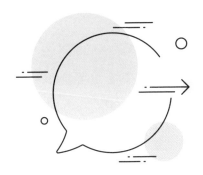

학부모 상담은
어디까지 가능할까?

학부모 상담의 목표는 아이에 대한 정보를 얻는 것이다. 그런데 학부모에게 정보를 얻기 전에 학교 교육에 대한 신뢰를 주는 것이 먼저이다. 또 학교에 대한 신뢰를 주기 이전에 먼저 학부모의 수고에 대해 감사를 표할 필요가 있다. 학부모를 초대해 삶이 힘겨운 학부모들을 위로하고 그들의 노력을 지지하고 함께 협력해 나가자고 말을 함으로써 학부모와 아이 성장의 동반자적 관계를 만들 필요가 있다.

그렇다면 설득은 안 될까? 설득은 교사의 기대일 뿐, 된다는 보장도 없고 쉽지도 않다. 오히려 대립각이 커져서 평행선을 달리기 쉽다. 설령 학부모가 교사의 말을 듣는다 하더라도 비교육적인 방법으로 아이를 몰아세우고 체벌할 가능성이 높다. 따라서 아이의 긍정적인 면을 구체적으로 여러 가지 알려주면서 부족한 부분을 조금 흘리는 방향이 좋다. 그 부분이 달라지기 위해서 어떻게 하면 좋을지 부모와 얘기를 나누는 것만으로도 충분하다. 학부모의 신뢰를 얻어야 부모 코칭도 효과적으로 할 수 있다.

교사와 학부모 사이에서 줄타기를 하는 아이

■ 일부 아이들은 친구가 잘못해서 자기가 피해를 입은 건 교사에게 말하고, 자기가 잘못하거나 자기 잘못과 친구 잘못이 뒤섞인 것은 부모에게 말한다. 물론 후자의 경우 앞뒤 상황을 잘라 자기가 억울한 부분만 부풀리고, 면대면으로 말하기보다는 전화로 울면서 부모의 감정을 극도로 자극해 소위 '손 안 대고 코 풀기 신공'을 발휘한다.

아이보다 더 흥분한 부모는 당장 교사에게 전화해서 감정을 폭발시키며 비난을 쏟아낸다. '애가 울면서 괴로워하는데 교사는 뭘 했나?' '이번엔 가만히 있지 않겠다.' '학폭위를 열어 상대 아이를 처벌하겠다.' 당황한 교사는 어쩔 줄 모른다. 사건의 진상도 파악이 안 되고, 화만 내고 다그치는 부모를 대하기도 버겁다. 중간에서 정보를 왜곡하는 아이를 혼내고 싶기도 하지만, 이 아이도 피해를 입은 것이 사실이고 발끈하는 학부모가 또 난리를 칠 것 같아 아이를 위로하고 학부모에게 양해를 구하며 최대한 부드럽게 넘어간다.

개인적으로 이와 비슷한 일을 경험한 적이 있다. 웬만하면 좋게 넘어가려 했지만, 그냥 두면 이런 행태가 6학년이 되어서도 계속될 것 같아서 아이 엄마와 끝까지 언쟁을 했다. 아이를 옆에 두고 전화로 반말에 욕설까지 하는데, 정말 가관이었다. 하지만 나는 당당했다. 이 정도에 휘말릴 인성부장 5년차가 아니었다.

해당 아이는 우리 반 학생은 아니었다. 다음 날 아이들과 예전 담임 선생님들로부터 정확한 정보를 수집하고 그 아이를 연구실로 불러 혼쭐을 냈다. 저학년 때부터 배운 못된 버릇의 패턴을 읊어줬다. 그동안 100퍼센트의 성공률을 자랑하던 아이의 신공이 여지없이 깨지는 순간이었다. 추가로 아이가 한 행동의 심각성과 그로 인해 자신이 어떤 책임을 지게 되는지, 아이의 부모가 감당할 책임도 명확하게 제시했다. 학부모는 교권을 침해했고 아이의 행동은 학폭 사안이었다. 그 자리에서 정중한 사과를 받고, 앞으로 이런 패턴의 장난질을 하면 그냥 넘어가지 않을 거라고 엄중히 경고했다.

한 달이 지난 뒤, 여러 교사들이 아이가 달라졌다고 얘기해줬다. 집에 가다 가끔 마주칠 때면 아이는 내게 꼭 인사를 하고 간다. 나도 그 아이에게 긍정적인 신호를 보낸다.

사랑과 공감으로만 교육이 된다고 생각하면 오산이다. 사랑을 받을 줄 모르는 학부모와 아이는 도리어 교사를 괴롭히고 스스로를 망친다. 기회를 봐서 이길 싸움은 끝까지 해서 이기려 든다. 학부모가 교사를 '을'이라고 생각한 순간, 교사의 어떠한 노력도 수포로 돌아가고 만다. 교사의 배려와 헌신마저도 자기가 잘해서 굴복한 거라고 믿기 때문이다. 그런 부모를 옆에서 보는 아이가 무엇을 배우겠는가. 사태 파악을 못 한 부모도 결국 나중에는 크게 후회하게 될 것이다.

물론 교사가 이렇게까지 해야 하나 싶어서 자괴감이 들고, 이런 현실이 서글프기도 하다. 하지만 거칠고 타인을 힘들게 하는 아이와 학부모를 상대하는 방법은 사랑과 더불어 정확한 정보 입수와 상황 파악, 그리고 그에 따른 단호하고 엄중한 대처뿐이다.

감정이 앞으고 흥분한 학부모의 경우

교사가 이야기를 하려고 하면 "아니 됐고"라며 말을 끊기 일쑤인 학부모가 있다. 이들은 자신의 감정을 억누르지 못하고 교사의 말을 이미 꼬아서 생각하여 판단한다. 그러다 보니 교사의 말은 전혀 학부모에게 다가가지 못하고, 결국 교사에 대한 오해와 불신은 눈덩이처럼 불어난다.

흥분이 가라앉기 위해선 통상 40분의 공감 시간이 필요하다고 한다. 흥분한 학부모의 마음은 교사의 마음을 어지럽게 하고, 마치 교사가 뭔가 잘못해서 혼나는 듯한 느낌도 받게 된다.

비폭력 대화의 관점에서 보면 화는 2차적 감정이고, 그 이전에 1차적 감정이 있다. 또한 1차적 감정 뒤에는 그 사람의 충족되지 못한 욕구가 있다. 따라서 학부모에게 간간이 공감을 표현하면서 경청할 필요가 있다. 그래야 답답한 학부모의 마음이 풀리고 대화도 좀 더 짧아진다.

학부모가 바라는 것이 무엇인지, 그 욕구에 공감하면서 대화를 진행하자. 학부모가 말하는 중간에 오해를 바로잡으려고 해도 안 되는 경우가 많다. 그나마 그들이 원하는 것 중심으로 대화를 나누면 그래도 화가 많이 누그러든다. 이런 학부모들은 주로 아이의 회복과 성장을 원하는 경우가 많다. 따라서 아이에 대한 관심을 좀 더 표현하고 아이를 중심으로 대화의 초점을 맞추면 그나마 해결의 실마리가 보이곤 한다.

사실 학부모의 심리는 대화 이전에 50퍼센트는 이미 결정되어 있다고 해도 과언이 아니다. 학교 교육에 대한 신뢰, 담임 교사에 대한 신뢰, 학폭 문제라면 그간 학교의 학폭 처리 과정에 대한 신뢰, 학부모의 자기 삶에 대한 만족도, 학부모 주변 사람들의 조언 등이 기본적으로 작용한다.

교사가 최선을 다 해도 어쩔 수 없는 부분이 있기 마련이다. 이리 흔들리고 저리 흔들리고 부대끼면서 터득히는 게 학부모 상남일 것이다. 따라서 회피하기보다는 경험치를 늘리고 상담 과정을 복기하고, 상담 과정에서 잘된 점, 잘못된 점을 분석해보자. 그래도 잘 안 되는 부분은 학부모 상담 서적이나 학교 상담에 대한 서적을 참고해도 좋다. 최근에는 인디스쿨 상담실의 수준이 예전에 비해 많이 높아져서 효과적인 답변을 많이 찾을 수 있다. 물론 검증되지 않은 개인의 경험에 근거한 답변이나 평소에 자기가 할 수 없었던 방법들을 실험적으로 다른 사람에게 해보라고 권하는 경우 등은 가려서 판단해야 낭패를 당하지 않을 수 있음을 명심하자.

교사의 역할은 어디까지인가?

■ 학부모가 적극적으로 상담에 임하는 경우가 있다. 보통 아이의 문제 행동 빈도가 많고 쉽게 고쳐지지도 않으며, 혼자 아이를 키우는 어머니인 경우가 많다. 이럴 때는 가급적 어머니의 마음을 편안하게 만들기 위해 노력한다. 처음에는 학급에서 벌어지는 일상을 이야기하고, 가끔씩 아이가 잘하는 모습도 문자 메시지로 보낸다. 협조가 필요한 부분이 있으면 짤막하게 말하고, 집에서 생활하는 모습에 대해서도 묻는다.

아이가 비록 문제를 많이 일으키지만, 아이의 좋은 점을 자주 말하고, 어머님께서 애쓴 부분에 대해 감사의 말을 전한다. 간혹 부모 교육할 때 시간이 되면 참여하라고 권해본다.

아이에게 긴 잔소리를 하거나 혼내기보다는 아이와 함께 얘기하면서 아이를 사랑하고 있음을 계속 표현하라고 권한다. 정말 잘못한 것에 대해서는 따끔하게 혼낼지라도 우선 아이 얘기를 충분히 듣고 공감할 부분은 공감하라고 조언하는 것이다.

이렇게 어머니와 협력 관계를 맺고 가끔 전할 말이 있을 때 전화를 한다. 돌이켜 보니 해당 학부모와 면대면으로 두 번 만나고, 부모 교육 한 번, 전화로 여섯 번 정도 얘기를 나눈 것 같다. 부모님을 응원하고, 아이의 변화에 시간이 필요하다고 말한다. 교사와 학부모가 함께 노력하고 협력하면 언젠가 아이는 달라질 것이니 여유가 필요하다는 점을 강조한다. 나부터 먼저 여유 있는 교사의 모습을 학부모에게 보여주는 것이다.

그사이 아이는 어떻게 변했을까? 별로 달라진 것이 없다. 더 나빠지지 않은 것을 다행으로 생각하고 아이와 생활하고 있다. 학교에서 친구를 계속 놀리거나 친구 블록을 망가뜨리고, 기분 나쁜 말을 하니 애들이 좋아할 턱이 없다. 소위 둘째 애들과의 마찰도 크다. 얘랑 자주 다투는 네 명 중 셋이 둘째고, 한 명은 외동이다. 그러나 어쩌랴. 내가 스트레스를 덜 받는 게 최고다. 예를 들어 블록을 던져서 친구를 맞추면, 첫째, 던지지 말라고 한다. 또 던지면 둘째, 던지면 친구들이 다치니까 조심하라고 하고, 그래도 던지면 셋째, 앞으로 또 던지면 블록 놀이를 못 하게 한다고 하고, 넷째, 며칠 잠잠히 잘 지내다가 블록 놀이를 하면 안 되냐고 하면 다섯째, 던지지 않을 것을 약속하고 허락하고, 또 던지면 여섯째, 한 번 더 던지면 당분간 블록 놀이를 못 하게 한다고 하고, 또 던지면 일곱째, 블록 사용을 중지한다. 그러다가 지난번보다 좀 더 길게 블록을 못 하게 하다가 다시 사용하고 싶다고 하면 여덟째, 다시 약속을 하고 사용하게 한다.

그러고 보니 그 이후로 아직까지 블록을 던진 적은 없다. 그런데 이번엔 자기 블록을 실수로 무너뜨린 친구의 가슴팍을 주먹으로 쳐서 울렸다. 그동안 일부러 친구 블록을 수없이 넘어뜨렸음에도 다른 친구들이 이 아이에게 욕을 하거나 때린 적은 없었다. 그러나 어쩌랴. 다시 교육을 하는 게 교사의 할 일인 것을.

이렇게 계속 교육하는 게 유일한 방법이다. 물론 개인 상담도 하고, 수업을 통해 풀기도 하지만, 우선은 아이를 믿어주고, 격려하고, 반복적인 잘못을 하면 예고를 하고 위반 시 자유를 제한하고, 다시 또 기회를 주고, 위반하면 다시 자유를 제한한다. 그러면서 조금씩 달라지는 아이를 격려하고, 자유를 제한당했을 때의 답답함에 대해 공감한다. 그리고 다시 기회를 준다. 무한반복이다. 이게 교사가 할 수 있는 모든 것이다.

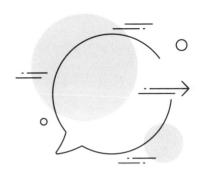

협력이
답이다

이제 담임 교사 혼자서 상담하는 시대는 지났다. 담임 교사도 학생 상담이 힘들 때는 위클래스 상담사에게 보내는 것이 좋다. 필자의 경우도 수업 중 학생이 교사의 지시에 불응하고 버티기로 일관해서 당황한 적이 있다. 이때 학생을 상담실로 보냈다. 이후 담임이었던 필자도 원활하게 수업을 진행할 수 있었고, 학생도 상담실에 갔다 온 뒤 비교적 안정적으로 수업을 들으며 학교생활을 했다.

전담 수업에만 가면 태도가 좋지 않은 학생도 있다. 이때 어떤 전담 수업 교사는 혼자서만 감당하느라 어려움을 겪기도 하고, 또 어떤 교사는 조금만 잘못해도 무조건 담임이 있는 교실로 보내기도 한다. 그런데 둘 다 정답은 아니다. 학년 차원에서 미리 담임 교사와 전담 교사가 서로 소통을 하고, 전담 수입을 할 때 학생의 문제 행동에 어떻게 대처할지 협의가 필요하다. 이는 동학년 교사들 간에도 마찬가지다. 학년에서 우리 학생이라는 마인드로 연합하여 생활 지도를 하는 것이 바람직하고, 경우에 따라서는 해당 학년 교사들이 모여 학생들을 함께 상담할 수도 있다. 그렇게 학생의 문제 행동 개선이나 학생들 간 갈등 문제를 풀기 위해 함께 협의해서 방향을 찾는 것이 바람직하다.

특히 학교 폭력 사안의 경우 책임 교사-관리자-담임 교사 간의 협력은 필수다. 원래 학폭 사안은 처리하기가 쉽지도 않을 뿐더러, 학교 구성원이 협력하면 학부모의 악성 민원도 예방하고 충실한 학부모 상담을 통해 비교적 부드럽게 문제를 해결할 가능성이 높다. 또한 후속적인 생활 지도도 효과적으로 할 수 있다.

요즘 상담의 추세는 동학년 팀 상담, 담임 외에 주변 자원의 적극적인 활용(관공서 복지 지원, 아동 복지 센터, 위클래스 상담사), 관리자의 지원과 조력, 사제 동행, 가정 방문, 교내 스포츠 클럽 운영 등 총력전의 성격을 띠고 있다. 한 아이가 자라려면 마을 전체가 필요하듯, 한 아이가 변화하려면 가능한 모든 방법을 동원해야 보다 효과적으로 아이를 도울 수 있다. 늘 그렇듯이 긍정적인 자원 70~80퍼센트의 힘으로 20~30퍼센트의 부정적인 측면을 바꿀 수 있다. 이 과정에서 학부모 상담은 중요한 역할을 한다.

협력을 해야 충분한 사례를 공유할 수 있다. 필자의 경우 전담 교사나 이전 담임과도 얘기를 많이 나누었지만 보건 교사와의 대화가 특히 학생을 이해하는 데 도움이 되었다.

이전 담임 교사에게 학생에 대해 물어볼 때는 주의할 점이 있다. 학생의 부정적 측면뿐만 아니라 긍정적인 측면에 대한 부분도 학생의 특성에 포함시키고, 부정적인 측면도 분석적으로 접근해서 어떤 상황에서 그런 행동을 하고, 어떤 상황에서는 그런 행동을 하지 않는지 균형 있게 파악해야 한다. 또한 그때 학생을 어떻게 지도(상담)했고, 그때 학생의 태도나 학부모의 입장은 어떠했는지 살펴두면 학생이나 학부모 상담을 할 때 도움이 된다.

주위 학생들의 얘기는 부정확한 면이 있긴 하지만, 학생의 전반적인 생활 태도를 파악하고 추이를 아는 데 도움이 된다. 특히 같은 반이었던 친구들의 얘기는 그동안 학생이 어떻게 생활했는지 알 수 있는 좋은 정보가 된다. 단, 주의할 것이 있다. 그 아이의 성향에 대해서 '공격적', '게으른', '정직하지 못한' 같은 부분보다는 어떤 상황에서 어떻게 행동했고, 선생님이 지도했을 때 어떤 반응을 보이는지 분석적으로 파악하는 것이 학생을 이해하는 데 더 도움이 된다. 평가적인 말에 초점을 맞추게 되면, 자기도 모르는 새 자칫 그 아이에 대한 부정적인 이미지가 생기게 되기 쉽나. 결국 아이를 있는 그대로 바라보는 데 방해가 된다.

생활 지도와 상담을 통해 학생들은 쉽게 바뀔까? 인간은 기본적으로 잘 바뀌지 않는다. 만약 인간이 쉽게 바뀐다면 그만큼 예측 불가능한 일도 많이 벌어질 것이다. 그러다 보면 오히려 사건 사고가 끊이지 않을 수 있다. 이는 사회의 안정성에 저해 요소가 된다.

아이들이 잘 안 바뀐다는 것은 교사 입장에서는 안타깝고 슬픈 일이지만, 아이 입장에서는 그것이 일관성이고 나름대로 세상을 살아가는 지혜이자 합리화된 방어 기제이다. 이는 어른도 마찬가지다. 하지만 아이들은 싸우고 어느 정도 시간이 지나면 관계가 회복되지만 교사나 학부모는 서로 관계가 틀어지면 쉽게 회복되기가 힘들다.

1년 만에 학생을 변화시키기는 쉽지 않다. 다만 꾸준히 교육하고 비교적 좋은 관계를 유지하면서 필요할 때 상담하고 학부모의 도움을 구하면 아이가 긍정적으로 변할 가능성은 높아진다. 1년 안에 학생을 바꾸겠다고 서두르게 되면 오히려 후유증이 클 수 있다. 따라서 교사가 아이와 함께할 수 있는 만큼만 하고 그다음은 내년의 몫으로 남기는 게 좋다. 지나치게 기본 생활 습관과 기본 학습 능력 기르기에 주력하면 후유증이 남아서 그다음 해에 학생이 적응하기 더 힘들어하기도 한다. 학생들마다 발달의 차이가 있으므로 개인차를 감안하고, 이 학생에게 우선 필요한 것이 무엇인지 고민하고 주변에 자문하면서 도와줄 필요가 있다.

교사 자유가 필요할 때

학부모의 폭언을 듣고서 기분 좋을 사람은 없다. 아이랑 씨름하느라 생활 지도도 힘든데 학부모까지 교사에게 함부로 대하면 교사의 교육 자존감이 낮아지고, 교직에 대한 회의까지 몰려온다. 그런데 조금만 다른 관점에서 보고 연습하면 힘들이지 않고도 극복할 수 있다. 만약 "당신이 그러고도 교사야? 뭐 이런, 야 이 ○○○야!!"라는 말을 학부모에게 들었다고 가정해보자. 순간 놀라고 충격을 받아 기분은 나쁠 수 있다. 하지만 잠시 여유를 갖고 학부모가 정말 원하는 것이 무엇이었을지 생각해보자. 교사에게 욕을 하는 것이 목적은 아닐 것이다.

학부모가 바라는 것은 자기 마음을 알아주길 바라는 마음과 아이가 잘되기를 바라는 것이다. 그런데 그 표현 방식이 '누가 들으면 잠 민망할 쌍욕'이다. 연민이 느껴지지 않을 수 없다. 그런 욕을 하는 학 부모 밑에서 아이가 잘 자랄 수 있을까? 학부모가 교사와 싸우면 아 이는 처음에는 부모 편에 서서 교사를 힘들게 하지만, 나중에는 학 부모를 공격하게 된다. 이는 화가 나기보다는 슬픈 일이다. 안타까운 일이다. 교사로서 도울 수 있는 방법이 없다. 어쩌면 희망이 적기 때 문에 에너지를 굳이 많이 소모할 필요도 없다.

한편 내가 존중받고 학생의 성장에 기여하고 싶은 마음인데 학부 모가 욕을 하니 서운하기도 하고 답답하다. 순간적으로 화도 나지만, 그건 잠시뿐이다. 내가 바라는 것을 얻지 못한 것에 대해 내가 먼저 나를 위로하자. 나의 선한 의도가 부모에게 전달되지 못했지만, 그래 도 내가 아이를 위해서 한 노력에 대해 스스로를 격려할 수 있다. 내 가 나의 노력을 지지할 수 있는 것이다. 그러고 나면 마음이 좀 더 편 안해지고 여유가 생긴다. 그래야 이제는 나의 진심을 학부모에게 잘 전달시킬 방법을 찾을 수 있다.

스트레스에서 벗어나면 방법을 찾기가 쉬워진다. 아울러 학부모 의 마음을 다시 추측해보고, 내가 사용한 말들을 점검할 수 있다. 전 화 상담을 녹음해서 들어보면서 죄책감이나 수치심에 빠질 필요도 없다. 죄책감과 수치심은 양심에 귀 기울이고 타인의 시선으로 스스 로를 바라보게 한다는 장점이 있지만, 한편으로는 교사로서의 자존감을 낮아지게 하고 의욕도 사라지게 한다. 누구나 처음에는 낯설고 당황스러워서 실수할 수도 있지 않은가? 그럴 시간에 자기 점검과 자기 갱신의 방향을 선택해서 생각과 태도를 바꾸는 데 초점을 맞추는 게 좋다.

가다로운 하던보의
평화로운 관개 및 것도 위한
침탐 지침서

Part 2

성공적인
학부모 상담을
위한 준비

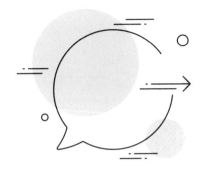

학부모가 존중받고 있다고
믿게 하라

　많은 교사들이 학부모 상담의 어려움을 호소한다. 대다수 학부모들이 안정된 분위기에서 합리적으로 대한다고 해도 몇몇 학부모에게서 받은 불편한 기억들은 쉽게 잊혀지지 않는다. 교사는 궁금하다. 도대체 나한테 왜 이렇게 대했을까?

　"결혼 안 하셨죠?"
　"아이를 낳은 경험이 없어서 그래요."
　"선생님께서는 여자아이를 제대로 이해하지 못하시는 것 같아요."
　"작년에는 안 그랬는데 올해 선생님 만나더니 아이가 학교 가기 힘들어해요."

교사라면 위와 비슷한 말들을 들어본 경험이 있을 것이다. 이런 말을 들을 때 교사는 매우 당황한다. 전화 상담이든 면대면 상담이든 어떻게 대응할지 딱히 떠오르지 않는다. 그리고 보통은 상담 후에도 해결책을 찾기가 쉽지 않다. 다음에도 이 부모를 상담하기는 힘들 것 같고, 이런 유형의 부모를 또 만날까 두렵기도 하다.

피하고 싶지만 피하기 힘든 것이 학부모와의 만남이다. 학부모 상담 주간이 학기당 한 번씩 1년에 두 번 있다. 학기 초 학부모총회도 있고, 학부모를 위한 공개 수업도 있다. 아이의 문제 행동이 심하면 어쩔 수 없이 전화를 해야 하고, 학교 폭력이 발생하면 가해 학생이든 피해 학생이든 담임 교사로서 학부모에게 이 사실을 통보해야 한다.

어차피 해야 하는 것이 학부모와의 만남이다. 피할 수 있는 일이 아니란 얘기다. 학생의 학교생활 적응과 성장을 위해선 학부모 상담이 필수적인데, 학부모가 교사를 불편하게 한다고 생각하면 학부모 상담에 대한 자신감도 떨어지고 학부모 상담을 원활하게 진행할 수 없다. 이렇게 되면 학부모 상담이 오히려 교사와 학부모 사이의 갈등을 심화시킬 수도 있다.

그렇다면 학부모가 교사에게 불편하게 대하는 이유는 무엇일까? 학부모의 속마음을 들여다볼 수는 없지만 가장 큰 이유는 교사가 학부모를 존중한다고 생각하지 않아서이다. 다르게 말하면 교사가 학부모를 존중한다는 마음이 부모에게 전달되지 못했을 가능성이 높다. 교사 입장에서는 억울할 수밖에 없다. 아무리 생각해도 학부모를 존중하는 마음으로 대했는데 존중하지 않았다고 느끼다니, 이 상황이 이해되지 않는다.

그 실마리는 위에서 언급한 문장에서 찾을 수 있다. 결혼을 안 했다는 것, 육아 경험, 자녀에 대한 이해 부족, 아이의 학교생활 적응 어려움에 대한 말이 왜 나왔을까? 아마도 교사가 먼저 아이의 문제 행동에 대해서 얘기했을 가능성이 크다. 그리고 이러한 문제 행동을 언급할 때 아이의 장점을 언급하기보다는 단점에 초점을 맞췄을 것이다. 교사가 학생의 행동과 태도를 표현할 때 중립적이고 관찰 가능한 말보다는 평가적인 말이나 부정적인 판단을 하는 듯한 뉘앙스를 보였기에, 교사가 학생에게 얼마나 관심을 갖고 세심하게 돕고 있는지가 전해지지 않았다. 부모가 보기엔 대수롭지 않은 부분인데 교사가 지나치게 심각하게 말하는 것 같으니 부모 입장에서는 불편했을 것이다. 평소에 아이가 학교생활에 대한 불만을 부모에게 자주 얘기했을 수도 있다. 이 중 한 가지만 있어도 부모 입장에서는 교사가 자신의 자녀를 부정적으로 보고 있다고 생각한다. 다르게 말하면 교사가 자녀를 좋게 보기를 바랐는데 그렇지 않다는 생각이 드니까 불편하게 느낀 것이다.

자녀가 학교생활을 잘하길 바라는 마음은 어느 부모나 똑같다. 그런데 이것이 좌절되면 부모는 이것을 누군가의 책임으로 돌린다. 자신에게 문제가 있다고 인정하는 학부모도 있지만, 교사에게 책임을 놀리는 부모늘이 점차 증가하고 있다. 이런 학부모들의 논리에 따르면, 가정에서 지도하는 것은 부모 책임이지만 학교에서 아이가 잘못되는 것은 교사의 책임이라는 것이다.

학부모의 이러한 심리적 요인 때문에 학부모 상담을 할 때는 주의할 필요가 있다. 학부모 상담 이전에 학부모와 좋은 관계를 맺는 것이 바람직하다. 수업과 학생 생활 교육, 학생과의 대화로 풀어가는 것이 도움이 된다.

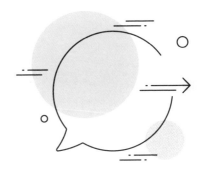

관찰과 기록을 통해
아이에 대한 이해를 높여라

관찰하고 또 관찰하면 보이는 것이 있다.

몇 년 전, 4학년 남학생이 쉬는 시간에 여학생의 얼굴을 주먹으로 때렸고, 상대 학생은 덧니에 얼굴 피부가 천공되고 피를 흘렸다. 이 사건으로 남학생은 학교폭력대책자치위원회에서 교내 봉사와 특별 교육 처분을 받았다. 이후 6학년 때에는 반 대항 스포츠 경기에서 지고 난 뒤 다른 반 학생과 다투었고, 이를 지도하던 다른 반 교사에게 욕설과 폭력을 가해서 학생선도위원회에서 출석 정지라는 중징계를 받았다. 몇 개월 뒤 자기보다 나이 어린 학생에게 시비를 걸고 추가적인 폭력을 가해서 결국 강제 전학을 당했다.

이 학생은 감정 조절을 못 하고, 욱하는 성미로 폭력성이 매우 심해 보였다. 누가 맡아도 교육하기 힘든 아이일 것이다. 그런데 여러 교사가 이 학생을 맡았지만, 언제 감정을 폭발하고 폭력을 가하는지는 몰랐다. 그저 폭력성이 심하고 반성하지 않는 아이로 기억될 뿐이었다.

다행히 필자는 인성부장으로서 이 학생을 관찰할 기회가 있었다. 결론적으로 이 학생은 한 번에 감정을 폭발하는 학생이 아니었다. 처음에는 자기 잘못이 부끄러워 책상에 엎드렸는데 친구들이 속상한 마음을 풀어주려고 간지럼을 태울 때 불쾌감을 느끼고 주먹을 휘둘렀다. 두 번째 경우, 교사에게 공개적으로 면박을 몇 차례 당하자 교사가 들고 있던 티볼 방망이를 휘둘렀다. 세 번째는 친구들과 함께 운동하다가 근처에서 놀던 후배에게 시비를 걸었는데, 후배가 위축되기는커녕 자기에게 대들고, 자신이 했던 것과 비슷한 방식으로 행동하자 화를 내며 주먹으로 때렸다.

세 가지 사건의 공통점은 한 번에 감정을 폭발하지 않았다는 것이다. 처음엔 불쾌한 감정이 한 번 있고 나서 잠시 잠복기가 있고, 이어서 불쾌한 일이 더해지면 화가 폭발한다. 그리고 이러한 일은 자신과 상대방 둘만 있을 때 생기지 않고 주변에 여러 명이 지켜보고 있을 때 발생한다. 평소에 이 아이가 자신이 가진 능력보다 뭔가 더 잘하는 것처럼 말과 행동을 한다고 주변 친구들이 얘기했다. 그런데 다수 앞에서 자신의 무능한 점이 드러나고 부끄러움을 느낄 때 감정이 폭발하고 폭력을 사용하는 패턴을 보인 것이다.

　일이 일어난 상황과 앞뒤 사건을 밝히고 지속적으로 관찰하고 기록하면 비로소 학생의 문제 행동 패턴이 보인다. 그렇다고 학생의 문제점만 보면 학생에 대한 부정적인 이미지가 고착화되고 생활 지도는 더 어려워진다. 학생이 문제를 일으키지 않고 중립적인 말과 행동을 할 때도 관찰하고 기록해야 한다. 이렇게 해두면 학생을 종합적으로 이해할 수 있게 되어, 학부모를 상담할 때도 풍부한 자료를 기반으로 상담을 할 수 있으며 더불어 학생에 대한 교사의 신뢰를 전할 수도 있다.

　관찰은 함께하면 더 효과적이다. 학급에서 지도하기 힘든 학생을 가장 잘 아는 사람은 누굴까? 의외로 담임 교사가 잘 모르는 부분을 보건 교사가 잘 알 수도 있다. 보건실에서는 아이들이 긴장을 풀고 평소 모습대로 행동한다. 보건실에 얼마나 자주 오는지, 어디가 아프다고 하는지, 보건 교사에 대한 태도나 대화의 패턴이 어떤지, 주로 누구와 같이 오는지 알면 학생을 이해하는 데 도움이 된다. 교과 전담 교사나 예전 담임도 주요 정보원이다.

　마지막으로 잊지 말아야 할 것은 'Not Knowing'의 자세다. 교사가 아이에 대해 알 수 있는 것은 제한적이다. 아이는 끊임없이 바뀌고 성장한다. 이 때문에 교사는 아이에 대한 희망을 놓을 수 없다. 그 희망의 시작을 아이에 대한 관찰과 기록으로 열어가면 좋겠다.

　　문제 행동을 자주 일으키는 학생뿐만 아니라 다른 학생들을 지도할 때에도 기록은 필요하다. 하루에 예닐곱 명 정도에 대해서 한두 가지씩 기록해보자. 다이어리에 간단히 메모하거나 교실 컴퓨터에 남녀별로 두 개의 파일을 만들고 의미 있는, 때로는 평범한 일들도 기록으로 남기면 한 달에 10건 이상씩 정보가 쌓이고, 그것이 아이들을 이해할 수 있는 귀한 자료가 된다. 이때도 부정적인 것만 기록하는 것이 아니라 긍정적인 것과 중립적인 것도 기록하자. 그래야 교사도 균형 있는 관점을 갖게 되고 부정적인 프레임에서 벗어날 수 있다. 특히 학급에서 재미있었던 에피소드나 아이를 칭찬할 만한 감동적인 에피소드(한 명만 남아서 청소를 도와달라고 했는데 의외로 개구쟁이 한 명이 자원해 청소한다고 했을 때 등)를 학부모와 상담할 때 얘기하면 교육적 공감대가 생기면서 교사에 대한 신뢰가 쌓이고 래포가 형성되며, 상담 목표를 달성하기도 쉬워진다.

　문제 행동이 심한 학생을 상담할 때 부정적인 기록들만 나열하면 오히려 학부모가 '우리 아이를 나쁘게만 보네'라고 생각해서 효과가 낮다. 균형 있는 제시, 그러면서도 긍정의 시각을 잃지 않아야 한다.

　학부모를 설득하려면, 절대 학부모를 설득해서는 안 된다는 역설을 생각해보자. 누가 기록이 교사의 보호 자료라는 것은 안전사고,

학교 폭력의 경우 교사가 적절한 예방 지도와 후속 지도를 했는지 근거 자료로 삼기 위함이니 지나치게 매달릴 필요는 없다. 하지만 만약을 위해서 필요한 경우에는 꼭 기록해두자. 알림장도 병행해서 활용 가능하다.

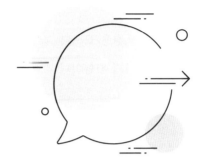

존중의 대화 5단계를
실행하라

  갈등 문제 상황에서는 '경청-공감-한계 제시(정보 제공)-대안 탐색-실천(피드백)'의 5단계 소통 프로세스가 매우 효과적이다. 어떤 상황이든 5단계로 가능하며, 적절한 질문과 공감이 병행되어야 한다. 다만 어떤 경우는 경청과 공감만 하는 것이 최선일 때도 있다. 또 어떤 경우는 한계 제시까지만 하고, 신뢰가 있다면 5단계까지 가능하다.

경청

  경청은 상담에서 가장 중요한 단계이다. 경청하

068

지혜로운 교사는 어떻게 학부모 상담을 하는가?

지 않으면 이후 상담이 제대로 이뤄지지 않는다. 보통 학생을 상담할 때 교사가 우선 일장연설을 하고 학생에게 할 말이 없냐고 묻는 경우가 많다. 이러면 대화가 진행되지 않는다. 학생이 겉으로는 교사 말에 순응하는 것 같지만 뒤돌아서면 잊어버리고 문제 행동을 반복하기 때문이다. 학생이 아무리 잘못을 했더라도, 또한 학생이 하는 말이 문제가 있더라도 충분히 듣는 것이 우선이다. 충분히 들어야 학생의 생각과 의도를 알 수 있다. 우선 충분히 들어주면서 적절하게 추임새를 넣어라. 그러면 이후 상담 또한 원활하게 진행될 것이다.

공감만큼 많이 남발되는 것도 없다. 공감은 말 그대로 '마치 내가 상대방인 것처럼' 느끼려는 노력이자 태도다. 공감만 제대로 되어도 문제 그 자체가 없어지거나 해결이 쉬워진다. 공감은 통과의례가 아니라 그 자체가 해결책이기도 하다. 다만, 교사가 공감할 때 '네가 억울한 건 알겠지만, 그래도 친구에게 욕을 하면 안 되는 거야'라는 식으로 공감과 한계 제시를 동시에 말하면 학생은 제대로 공감받지 못한다. 공감이 온전히 이뤄지도록 한계 제시는 그다음에 하는 것이 낫다. 공감과 한계 제시를 한 문장으로 말하면 이중 메시지가 된다. 학생 입장에서는 공감 같긴 한데 뭔가 부족함을 느낀다. 교사의 신심 어린 공감이 학생의 마음에 전해지기 어렵다.

마찬가지로 공감은 '공감 시도'와 '공감 반응'이 한 짝이다. '축구에서 저서 속상했겠다'라고 교사가 공감을 시도했다면, 잠시 학생의 답을 인내심 있게 기다린다. 학생이 "걔네가 반칙해서 진 거라 짜증났어요"라고 말한다면 공감적 소통의 한 사이클이 완성된다. 이후 학생이 느낀 감정을 다시 한번 공감할 수도 있고, 아이 마음 이면의 욕구 불만족을 파악하고 보다 깊이 공감할 수도 있다. 예를 들면 "너는 게임이 공정하길 바랐구나. 억울했겠다"로 공감 시도를 이어갈 수 있다.

개인적으로 공감을 충분히 하고 뒤에 한계 제시나 해결책 탐색은 생략하는 경우도 많다. 왜냐하면 충분히 공감받고 부정적인 감정이 해소되면 스스로도 충분히 해결책을 찾을 수 있기 때문이다. 또한 감정이라는 게 그리 빨리 변하는 것이 아니라서 시간적인 여유를 주면 아이도 자신이 뭘 잘못했고 어떻게 하면 좋을지 금방 생각해내고 실천할 수 있게 된다.

공감에도 순서가 있다

학폭 피해 학생의 학부모와 통화할 때는 아이를 걱정하는 마음이 충분히 전해지도록 교사가 먼저 아이의 상태를 묻고 걱정해준다(아이 공감). 이어서 이번 사안에 대해 면밀히 조사할 것이고, 피해 아이를 보호하고 재발 방지를 위해서 학교에서 최선을 다할 것을 약속한다(정보 제공과 아이 보호 약속), 학폭 상황에 대해 분노하고 피해 아이를 걱정하는 학부모를 위로하고 공감한다(학부모 공감).

"어머님, 아이 돌보시느라 많이 힘드시죠? 아이가 즐겁고 안전하게 학교생활을 할 수 있기를 바라시는 거죠?"또는 "얼마나 아이가 걱정되시겠어요? 저도 힘들어하는 ○○이를 생각하면 마음이 아프네요"와 같이 불안한 학부모의 마음을 공감하고 학부모의 말을 경청한다. 이걸로 끝이 아니다. 교사도 공감받아야 한다(자기 공감). 학부모와 통화하기 전에 자기 위로를 하고, 학부모와 통화한 후 다른 사람에게 힘들었던 자신의 마음을 털어놓고 스트레스를 풀어야 앞으로 나아갈 힘이 생긴다.

공감에 실패하는 이유

공감에 실패하는 이유는 공감과 동시에 다른 메시지를 전하는, 이중 메시지를 전달하기 때문이다. "아이가 아파서 많이 힘들겠습니다. 교사인 저도 참 안타깝네요. 그런데 평소 ○○가 장난스러운 말을 자주 해서요. 아, 그런 말을 하지 않았으면 다치지 않았을 텐데요." 이 한마디에 꺼졌던 학폭이 다시 살아난 경험이 있다. 학부모는 곧바로 발끈했다. "그럼, 지금 이게 다 우리 애 잘못이라는 거예요? 선생님, 그렇게 안 봤는데 정말 서운하네요. 나 참 어이가 없어서. 학폭 열어주세요!"

감정적으로 흥분한 학부모 얘기는 충분히 들어주고 공감하는 게 우선이다. 그 상태가 어느 정도 지나야 학부모의 불안과 과도한 긴장 상태도 점차 이성을 되찾게 된다. 불안이 증폭된 상황에서는 약간만 비위를 건드려도 학부모가 교사의 선한 의도를 자신과 아이를 비난한다고 생각해서 극단적인 방법을 취하게 된다. 초기에는 굳이 학부모가 잘못 알고 있는 부분을 바로잡기보다는 경청과 공감에만 주목하자.

한계 제시는 문제 행동을 했을 때만 사용한다. 부정적인 감정을 갖는 것은 자연스러운 일이고, 자신의 감정을 표현도 할 수 있다. 하지만 어떤 행동까지는 허용되고 어떤 행동은 허용되지 않는지 알려주는 것이다. 축구 경기에서 져서 짜증을 낼 수도 있고, 상대편 친구에게 자기 생각을 말할 수는 있지만, 욕설을 하거나 친구 공을 멀리 차버리는 것은 허용되지 않는다. 이런 행동(원인)을 하면 상대편 기분이 어떻고, 그로 인해 어떤 문제(결과)가 발생하는지 일깨워준다. 때로는 그로 인해 자신이 책임을 져야 할 일이 일어날 수 있음을 알려주거나 스스로 생각해보게 한다.

주의할 점은 한계 제시를 할 때 '너는 문제 있는 아이이며(존재 부정), 네가 한 행동은 잘못이고(행위 비난), 그러니 벌을 받아야 된다(응보적 관점)'라는 식으로 말하면 학생의 자존감이 낮아지고 교사를 원망하고 학급에서 소속감이 약화되어 또 다른 문제를 일으킬 수 있다는 것이다. 이런 경우 '한배 타기 전략'을 사용한다. 한배 타기 전략이란 한편이 되어준다는 얘기다. "네가 친구와 싸워서 다칠까봐 선생님은 걱정이 돼. 친구에게 욕하고 때려서 자칫 학교 폭력 대책 절차에 따라 네가 힘든 과정을 겪고 징계를 받는 것을 선생님은 원치 않아. 선생님은 내 제자인 네가 학교생활을 즐겁고 행복하게 하길 바라거든." 같은 말이지만, 자신을 걱정해주고 잘되길 바라는 교사의 마음이 전해져서 학생은 오히려 잘해야겠다는 다짐을 한다.

대안 탐색

대안 탐색은 말 그대로 해결책을 찾는 것이다. 해결책은 학생 스스로 찾을 수도 있고, 학생이 찾기 힘들어하면 교사가 제안할 수도 있다. 가급적 학생이 대안을 선택하고 실천하려고 노력하는 것이 중요하다. 대안은 자신에 대한 것이고(personal), 자기가 할 수 있고(possible), 구체적이고 실제적인(practical)인 것이 좋다. 대안을 몇 개 써본 뒤 대안을 평가해보고 두세 가지 정도 옮겨 적어서 실천할 수 있도록 다짐하고 지키기 위해 노력한다.

때로는 대안 탐색 과정에서 교사나 친구들에게 부탁을 할 수도 있다. 대안은 개인적이기도 하면서 상호적이라 공동체가 함께 찾을 때 효과적이다. 경우에 따라 학생들 사이의 갈등이 심각한 경우, 관련 학생들의 동의를 얻은 뒤 학급 회의에서 이 문제 해결을 위해 함께 노력할 수도 있다. 창피를 주거나 벌을 내리기 위해서가 아니라 공동체의 문제를 함께 해결해 나간다는 방향으로 진행하는 것이 바람직하다.

실천(피드백)

실제로 해보고 잘 실천했는지, 못 했는지 확인해 본다. 잘한 부분은 칭찬하고 못 한 부분은 무엇 때문에 실천이 어려운지 확인한다. 이때도 마찬가지로 잘잘못을 따지기보다는 실천하기 위해 조금이라도 노력한 학생을 격려하고 효과적인 대안은 계속 실천하는 방향으로 하고, 지키기 어려운 것은 어떻게 하면 지킬 수 있을지 방법을 함께 찾아보거나 아예 그 방법보다는 문제 해결에 도움이 되는 다른 방법으로 바꿔서 실천할 수도 있다. 대안 실천이 횟수나 시간 면에서 너무 도달하기 어렵다면 적정 수준으로 낮추는 것도 바람직하다.

학부모 상담에서 중요한 의사소통 기술은 공감과 대안 제시(탐색)의 조화다. 학부모가 "선생님이 우리 아이를 나쁘게 본다"고 공격해 오더라도 그걸 공격으로 받아들이기보다는 "부모님 입장에서는 그렇게 생각하실 수도 있겠네요. 그러면 부모님께서는 제가 어떤 부분을 봐주기를 바라시는지 여쭈어도 될까요?" 혹은 "아, 네. 제가 ○○를 나쁘게 본다고 생각해서 서운하셨군요. 그럼 제가 모르는 ○○의 좋은 점을 알려주실 수 있으세요?"와 같이 학부모의 마음을 공감하면서 대화를 이끌어간다.

공격성이 높은 아이에 대한 대안 탐색은 자신의 느낌을 알고 표현하는 역할극이나, 감정 카드로 자기 감정 표현하기, 또래 상담을 활용한다. 그리고 집에서 부모님이 어떤 방식으로 양육하는지 확인하고 강압적이거나 너무 끌려 다니지 않도록 적절한 대화 기술을 알려줄 수 있고, 학습 부담에 대한 스트레스 줄이기 등의 방법 중에서 적절한 방법을 골라서 가정에서 적용하기로 약속한다. 부모의 노력 이외에 학교에서 교사는 어떤 방법으로 학생을 도울 것인지 말씀드리고, 부모 입장에서 학교에서 필요하다고 생각하는 방법을 반영할 수도 있다.

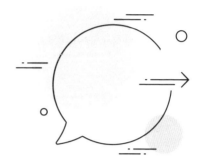

칭찬과 위로의 말을
건네라

　학부모를 칭찬하고 위로하는 두 마디 말이 있다. 바로 '어떻게'와 '얼마나'다.

　'어떻게'는 학부모 상담 주간에 모범적이고 나무랄 데 없는 아이의 학부모에게 하는 말이다.

　"어떻게 키우셨길래, 아이가 이렇게 반듯하게 잘 컸을까요. 어머님 닮았나 봐요. 비결 좀 알려주세요."

　이 말에 어머니는 신이 나서 아이에 대해 얘기한다. 교사는 아이에 대한 추가적인 정보를 들을 수 있고, 학부모는 자녀를 칭찬해주는 교사에게 고마움을 느끼고 믿음을 갖는다.

　'얼마나'는 학부모를 위로할 때 쓰는 말이다.

"여러 가지 어려운 상황에서 아이를 키우시느라 얼마나 힘드셨어요?"

이 말에 어머니는 눈물을 뚝뚝 흘린다. 힘든 내 마음을 알아주는 교사에게 감사하는 마음을 갖는다. 힘들어도 다시 일어설 수 있는 힘을 얻게 된다.

한 교사가 다음과 같은 말을 남겼다.

"미혼일 때 애들을 보는 눈과,

결혼했을 때 애들을 보는 눈과,

아이를 낳았을 때 애들을 보는 눈과,

아이가 초등학교 들어갔을 때 보는 눈과,

아이가 고학년이 되어 내 맘대로 되지 않을 때의 눈이 다르더라."

대략 정리하면 다음과 같을 것이다.

미혼 교사 아이들을 교육의 대상으로만 여겨서 합리적이고 이성적으로 보기 쉽다.

신혼 교사 배우자와 새로운 가정생활을 하면서 인간에 대한 이해가 좀 더 깊어진다.

출산 교사 내가 가르치는 아이도 한 가정의 귀한 자식이란 생각에 지도할 때 조심스러워진다.

학부모 교사 학교 가는 내 아이 뒷바라지하기가 녹록지 않음을 알고 학부모들에게 연민의 마음을 가진다.

사춘기 자녀가 있는 교사 내 아이도 내 뜻대로 되지 않는데, 아이들에게 무리한 것을 강요하는 것은 아닌지 스스로를 돌아보게 된다.

상대방과 입장이 똑같아질 수는 없다. 하지만 적어도 그 사람 입장이 어떨지 어렴풋이 가늠해볼 수 있는 것만으로도 우리는 아이의 문제 행동을 겉만 보고 함부로 재단하거나 강압적으로 고치려는 오류를 벗어날 수 있다. 나아가 아이를 이해하고, 아이를 바라보는 나의 눈과 마음을 새롭게 할 수 있다. 아이와 마음이 통하고, 학부모와 마음이 통하면 교사와 아이, 학부모가 다 함께 성장할 수 있는 기회를 꼭 얻게 될 수 있을 것이다.

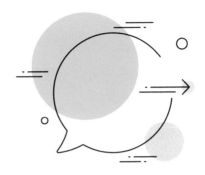

문제의 수렁에
빠지지 말라

아무리 부정적인 상황이라도 그 안에 긍정적인 부분이 있다는 사실을 잊지 말자. 학폭 문제의 경우 사안의 심각성 때문에 혼란에 빠지는 경우가 많다. 사안이 비교적 분명하다면 절반은 해결된 것이다. 사안에 대한 실체적 진실 규명이 어려운 경우가 많은데 사안이 분명하니 이 얼마나 다행인가?

학교 폭력 문제에서도 사실에 대한 의견이 엇갈리면 양쪽 모두 억울함을 주장한다. 그렇다고 사건을 규명하려고 심증을 바탕으로 윽박지르면 강압에 의한 것으로 증거 능력이 부족해질 수 있다. 교사가 도리어 아동 학대의 가해자가 될 우려가 있으니 조심해야 한다.

요즘 곳곳에서 안타까운 소식이 들려오고 있다. 교사가 교권 침해를 당하는 경우도 생긴다. 그 상처는 이루 말할 수 없이 크다. 밝힐 수 있는 만큼만 밝힌다는 자세로 임하자. 어느 정도 불일치는 감안하고, 밝혀지지 않은 진실은 '저 너머로' 넘기자. 소위 가해 학생의 학부모가 사과하면 75퍼센트는 해결된 것이다.

그런데 교사에게 이런 일이 자주 있지는 않다 보니, 규정이 생소하고 까다로우며, 극도로 예민해진 양쪽 학부모와 관리자의 지시, 교육청 보고 사이에서 스트레스를 받기 쉽다. 더군다나 잘 안 되는 부분만 보이는 게 학폭이다. 그러니 현재 상황에서 긍정적인 부분에 주목하며 멘탈을 유지하고 공감과 조언을 받아야 부정적인 상황들도 차근차근 처리할 수 있다.

가장 현실적인 어려움 중 하나는 학폭 사안 처리를 한다고 수업에 빠질 수 있는 것도 아니라는 점이다. 학폭 사안 처리를 하는 것만도 심적인 스트레스가 크고 힘든데 수업과 생활 지도를 다 해야 하니 그 고통은 이루 말할 수가 없다. 이를 해결하기 위해서는 교육청 차원에서 학폭 관련 보결 파견 교사를 지원하거나, 사안의 성격이 과중한 경우 이삼 일 정도 학교 차원의 보결도 생각해볼 만하다. 학폭은 더 이상 복불복의 문제가 아니다. 담임 교사와 학폭 책임 교사만의 문제가 아니란 얘기다. 학폭은 누구에게나 일어날 수 있다. 학폭은 학교 구성원들이 함께 도와야 할 영역이고 교육청의 적극적인 지원도 필요하다. 그리고 이보다 더 중요한 것은 학교 구성원들이 먼저 선생님들을 묵묵히 위로하고, 따뜻한 위로와 공감의 말을 건네는 것이다. 학교가 교사들에게 심리적으로 안전한 공간을 만들어 상호 신뢰를 바탕으로 교직 생활 가운데 어려움을 서로 털어놓을 수 있는 분위기를 만들 때 학폭이라는 갈등의 폭풍을 잘 이겨낼 수 있다.

아이들이 빨리 변하면 좋겠지만, 이는 쉽지 않은 일이다. 하지만 그러다가 어느새 변화된 모습을 보이기도 하는 것이 바로 아이들이다. 그러니 올해 할 수 있는 만큼만 해야지, 아이의 잘못을 빨리 고치려고 하다간 역효과가 나고 교사의 피로감도 높아진다. 긍정과 부정이 4 대 1 정도 되면 좋긴 하지만, 때로는 개입하지 않고 그냥 관조하는 게 아이에게 도움이 되기도 한다. 사실 지켜보고 기다려주는 게 가장 힘든 일이기도 하다.

무엇보다 모든 선생님들이 아이들을 교육하기에 앞서 먼저 자신의 건강과 사교 생활, 마음 상태, 주변 정리(책상이나 자기 방 주변 정리를 하면서 마음을 차분하게 하는 사물과의 대화), 애정 생활을 확인하고 충분히 누릴 수 있도록 기회를 주어야 그 힘으로 아이들을 교육할 수 있다. 기회가 되면 비폭력 대화나 회복적 서클, 학급 긍정 훈육 같은 의사소통 분야 중 하나를 골라 몇 년간 깊이 있게 연구하고 관련 분야의 대가들에게 꾸준히 에너지를 공급받는 것도 좋다. 같은 연구를 하는 교사들과 계속 성공과 실패를 나누면서 아이들과 생활하다 보면, 웬만한 상황들은 충분히 감당할 수 있을 것이다.

까다로운 학부모와
평화로운 관계 맺기를 위한
상담 지침서

Part 3

함께
나누고 싶은
유형별
상담 사례

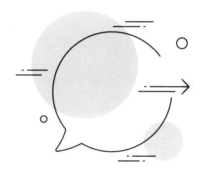

아이들 사이의 다툼으로
학부모에게 시달리는 교사들

학교에서 흔하게 발생하는 일이 학생들 사이의 다툼이다. 이것을 아이들 사이에 생길 수 있는 자연스러운 갈등으로 봐야 할지, 아니면 반드시 해결해야 할 학교 폭력 문제로 볼지는 사례마다, 보는 사람마다 견해가 다를 것이다. 초등에서는 아이들 사이의 문제를 학교 폭력의 문제로 취급해서 학교폭력대책심의위원회의 정식 절차를 거치기보다는 가급적 진심 어린 사과를 하고 사안에 따라 부모에게까지 양해를 구해서 마무리하는 것이 보통이다. 그런데 최근에는 교육 목적으로 접근했다가 도리어 학교 폭력을 축소, 은폐, 무마했다는 학부모의 거센 항의를 받고 담임 교사와 책임 교사가 시달리고 관련된 아이들도 상처를 받는 등 관련된 모든 사람들이 학교 폭력의 수렁에 빠져서 고통을 당하는 일들이 비일비재하다. 이럴 때 주변 교사들은 어떻게 해도 이쩔 수 없있다며 위로하곤 한다. 이 말도 일리가 있지만, 이런 일이 벌어지면 교사로서 내가 뭘 잘못해서 그런 것은 아닐까 하는 자책감과 다음번에도 또 그렇게 되면 어쩌나 하는 불안에 시달린다.

특히 초등에서는 애들 진술도 오락가락하고, 사소한 갈등으로 부딪히는 일들이 많다. 그런데도 언론에서는 학부모들의 학폭 불안을 가중시키고, 이에 학부모도 학폭에 대한 학교의 대응을 불신하고, 사안의 경중을 살피기보다는 무조건 엄벌을 요구한다. 결국 학교 폭력 대책 절차의 교육적 목적은 사라지고 도리어 학교가 준사법기관으로 악용되고 있다. 담임 교사와 책임 교사는 소위 피해 학부모와 가해 학부모 양쪽에서 끊임없이 시달리고 정상적인 수업과 생활 지도마저 위태로운 상황에 빠지는 경우가 급격히 증가했다.

동학년 선생님들과 문화 체험 연수를 위해 학교를 나서려던 차에 옆 반 신규 선생님에게 전화가 왔다. 뭔가 심상치가 않았다. 통화가 길어지고 선생님도 당황한 빛이 역력했다. 고학년 남자아이가 저학년 여자아이를 화장실에 밀어 넣고 가두었다는 것이다. 그리고 이후 몇 번씩이나 '남자 화장실에 들어갔으니 변태'라고 놀려서 아이가 학교에 가기 싫다고 했단다.

가는 날이 장날이라더니 막 교실을 나설 무렵 이런 일이 생긴다. 피해자 아이의 할머니 말로는 우리 반 아이의 형이 그랬다는데, 문제는 몇 학년 몇 반인지를 모른다. 어쩔 수 없이 우리 반 아이의 엄마에게 전화를 했다.

순간 고민을 했다. 아이 엄마에게 전화를 해서 어떻게 이야기를 해야 할까? 핵심은 네 가지다. 양해를 구하고 전해 들은 상황을 최대한 간단하고 부드럽게 말하고, 놀란 어머니의 마음 가라앉힌 뒤, 사실인지 아닌지는 아직 확인이 안 되었음을 밝히고는, 확인되는 대로 다시 연락을 드린다는 말을 전하는 것이다.

어머니에게 반을 알아낸 다음 해당 아이의 교실로 갔다. 음악 시간에 리코더를 부는 중이었다. 노크를 하고 담임 선생님을 조용히 불렀다. 어머니께 전화로 알려드린 이야기와 같은 내용을 말하고 잠시 그 아이를 불러달라고 부탁했다. 해당 아이도 놀랄 수 있을 것이다. 그래서 잠시 물어볼 게 있다고 말하고 그렇게 해줄 수 있는지 물었다. 편안한 분위기에서 아이에게 실제로 그런 일이 있었는지, 어떻게 일이 진행되었는지 간단히 확인했다. 애매한 부분은 추가로 질문해서 전체적인 상황을 파악했다. 말해줘서 고맙다는 얘기를 아이에게 전했다. 아이 말로는 여자아이가 남자 화장실 앞에서 쳐다봐서 그렇게 했다고 한다. 가둔 것은 아니었고 놀리는 것은 다음 날에도 계속 했단다.

차를 타고 가면서 옆 반 선생님께 부탁해서 할머니께 동의를 구한 뒤 학년부장이자 인성부장임을 밝히고 전화 통화를 했다. 통화 내용의 포인트는 최대한 공감하고, 학교의 적극적인 해결 의지를 보여서 학부모의 신뢰를 얻는 것이다. 할머니는 남자아이가 놀려 '변태'라는 말에 흥분했고, 여러 번 그랬다는 말에 더 흥분했다. 오늘은 학교에서 출장이라 양해를 부탁드리고 더 자세한 내용은 내일 오전에 상황을 좀 더 자세히 알아본 뒤 알려드리겠다고 약속했다. 여기서 핵심은 손녀가 남자 화장실 쳐다봤다는 얘기는 안 하고, 반대로 남자아이가 잘못을 인정하고 뉘우친다는 얘기만 하는 것이다. 만약 손녀가 남자 화장실을 쳐다봤다는 얘기를 하면 할머니는 흥분하게 된다. '그럼, 우리 손녀가 잘못해서 그런 일 당했다는 얘기냐, 상대 아이를 학교 폭력으로 처리해달라'라는 식으로 나오는 경우가 흔하다.

다시 남자아이 어머니께 전화해서 파악된 상황을 전달하고, 너무 걱정 말라고 안심시켰다. 어머니에게 최대한 아이 말을 들어주고 반복해서 공감하면서 아이 마음이 정확히 어떤 건지 알아봐달라고 부탁했다. 너무 혼내면 아이가 아예 말을 안 하거나 무조건 잘못했다고 말해서 이번 기회를 통해서 아이가 배울 것을 배우지도 못하고 감정을 억눌렀다가 나중에 더 크게 폭발할 수 있다는 점을 강조했다.

공감과 화해의 자리를 마련하다

다음 날 아침에 양쪽 학생 담임 선생님들에게

중간놀이 시간에 상담실에서 아이들이 서로 만나서 사과하고 화해하는 자리를 마련해달라고 부탁했다. 아이들도 긴장할 수 있으니 편안한 마음으로 올 수 있도록 마음을 안정시켜 달라고도 덧붙였다.

이런 자리에 와줘서 고맙다는 말을 전하고 저학년 아이를 위로하고 마음을 안정시킨 뒤, 고학년 아이에게도 괜찮은지 확인하고 대화를 시도했다. 둥글게 앉으면 좋지만 상담실 구조상 불가능해서 서로 마주보게 앉고 아이들의 옆자리에는 담임 교사들이 앉았다.

대화를 나누면서 알게 된 점은 일이 일어난 곳은 2학년 앞 화장실이 아니라 다른 층의 고학년 남자 화장실이었다. 왜 거기 있었는지 알아보니 여러 명의 친구들이랑 얼음땡 놀이를 하다가 남학생이 화장실로 숨어들어가니까 나올 때까지 쳐다보며 기다렸다고 한다. 그때 고학년 남학생과 마주치고 일이 벌어졌다.

여학생에게는 그 오빠가 밀었을 때 어떤 느낌이었는지 물어봤다. 당황스럽고 창피했다고 한다. 남학생은 그런 줄 몰랐다고 한다. 만약 누군가가 너를 여자 화장실에 밀어 넣으면 어떤 기분이 들지 질문해서 공감을 시도했다. 남학생에게 여학생에게 사과하면 어떻겠냐고 하니 다행히 1교시 마치고 이미 사과를 했다고 한다. 남학생에게 잘했다고 칭찬하고 나서 여학생에게 사과를 받았을 때 느낌이 어떤지 물어봤다. 마음이 좀 풀리고 편안했단다.

사과와 더불어 상대방에게 원하는 것을 물어보니 다음부터 안 그랬으면 한다고 했고, 남학생도 그렇게 하겠다고 약속했다. 두 아이에게 선생님께 바라는 것이 있는지 물어보니 없다고 한다. 이어서 두 담임 선생님에게 아이들에게 하고 싶은 말을 할 수 있도록 기회를 드렸다. 마지막으로 솔직하게 말해줘서 고맙다는 말을 전하고 모두들 수고하셨다는 말로 마무리했다.

할머니께 전화를 드려서 고학년 남학생이 솔직하게 잘못을 인정하고 교사가 말하기 전에 미리 사과를 했고, 손녀도 사과를 받고 마음이 풀린 것 같다고 말했다. 할머니는 '변태'라는 말을 반복하지만 않았어도 이렇게 학교로 전화하지는 않았을 거라고 했다. 자신이 일을 다니지 않았으면 어제라도 학교에 찾아오려고 했단다. 그래도 걱정이 되는지 남자아이가 정말 반성하는지 반복해서 물어보셨다. 적어도 아이가 미리 사과를 한 점, 솔직하게 자기 잘못을 인정한 점, 남학생의 어머님께서 집에서 다시 교육하신다고 했고, 교사들이 계속 지도하고 아이를 지켜보겠으니 너무 걱정 마시라고 안심시켜드렸다. 그제야 할머니는 선생님들만 믿는다며 고맙다고 하시고 전화를 끊으셨다.

두 담임 선생님에게도 부탁드렸다. 우선은 오늘은 아이를 칭찬하고 격려해주고, 하루 지나서 실내에서 얼음땡 놀이를 하면 위험하니 안 하도록 지도할 것을, 솔직하게 잘못을 인정하고 사과한 남학생에게 칭찬과 앞으로는 잘할 줄 믿는다고 격려해주길 부탁했다. 그리고 남자아이 어머니도 걱정하고 계실 것이니 담임 선생님께서 직접 전화를 드리기로 했다.

위 사례는 간단해 보이지만 여러 단계를 거쳐야 하고 민감한 부분들이 있어서 쉽지 않은 일이었다. 해결하기 힘든 지점들이 있었기 때문이다.

이미 저학년 여학생은 집에 가고 없었다. 교사는 학교 밖 출장이 있는 상황이다. 여학생은 이혼한 부모 대신에 할머니가 키우고 있었으며, 자신의 잘못은 말하지 않았다. 남학생은 수업 중이었고, 공감 능력이 부족했다. 전화 상담은 상상을 불러일으키고 공감의 의도가 잘 전달되지 않는다. 교사의 중립적인 말도 학부모에게는 부정적으로 들리기 쉽다. 반이 다른 고학년과 저학년의 문제, 성별의 차이, 두 명의 학생-학부모-교사가 연결되어 있는 상황이었다.

초반에 할머니의 전화와 남자아이와의 대화로 어느 정도 윤곽이 드러났지만 서로 간에 일치하지 않는 사실은 군이 학부모들에게 알리지 않았다. 중요하게 일치하는 부분만 다루는 것이 원활한 일 처리에 도움이 되기 때문이다. 파악된 사실도 알리는 타이밍이 있으니 불일치되는 것은 접어두는 것이 좋다. 이 경우는 다행히 일치했지만 그렇지 않은 경우도 많다. 교사는 형사가 아니니 밝힐 수 있는 부분만 밝히고 적절한 시기에 알리는 것이 평화적인 해결에 도움이 된다. 만약 할머니가 이런 건 학교 폭력이 아니냐고 얘기했다면 조심스레 학교 폭력 사안 절차를 안내한 뒤 구체적으로 조사하고 아이가 보호받을 수 있도록 학교에서 최선을 다하겠다는 믿음을 심어줬을 것이다.

여학생의 담임 교사가 왜 자신에게 말하지 않고 할머니에게 먼저 말했는지를 질책하는 것은 좋지 않다. 얼음땡 놀이를 하지 않았으면 그런 일은 없었을 것이고 그런 놀이를 하지 말라고 했는데 왜 했냐고 묻는 것도 일을 더 크게 만든다. 아이가 잘못한 것은 분명하지만, 때로는 공감과 위로가 충분히 전해지고 나서야 질책도 귀에 들어온다. 질책보다는 아이에 대한 걱정, 무심코 한 행동에 따른 결과 안내, 아이에 대한 교사의 관심이 전해지는 것이 교육적으로 효과가 더 높다. 그렇게 안 될 때 보충적으로 단호하게 교육할 수도 있을 것이다.

그런데 여학생이 왜 교사에게 말하지 않고 할머니에게 말했을까? 여러 가지 이유가 있을 수 있지만, 가장 큰 이유는 본인이 잘못한 부분이 있기 때문에 본능적으로 보호자에게 말했다는 가설이 유력하다. 보통 아이들은 자기가 잘못하지 않은 일은 교사에게 말하고, 자기가 잘못한 일은 부모에게 말한다. 그렇게 해야 자기가 별로 혼나지 않고 보호받을 수 있다고 생각하기 때문이다.

간혹 전통적인 방법으로 지나치게 효율적으로 이 문제를 접근하는 경우도 있다. 위와 같은 일을 당하면 저학년 아이를 고학년 반으로 보내서 그 반 교사가 사실 확인을 하고 사과를 받게 하는 방식이다. 이 방법은 저학년 학생이 매우 긴장한다는 점, 고학년 선생님을 만나는 것이 낯설다는 점, 마음의 준비 없이 남학생을 또 봐야 한다는 점, 학부모와 아이가 이런 방식에 동의하기 힘들다는 점에서 매우 비합리적이고 여학생에게 또 다른 상처를 줄 수도 있다.

남학생의 담임 교사는 평소 아이가 다른 사람이 싫어하는 행동을 반복해서 친구들이 싫어한다고 했다. 이런 경우 학교에 위클래스 순회 상담사가 있으니 이 부분에 대한 상담을 진행하는 것이 좋다. 가급적이면 학부모의 동의를 얻어서 수업 중에 가는 것이 효과적이다. 아이의 문제 행동을 자꾸 지적해도 아이는 달라지기 어렵다. 느낌 카드로 아이의 놀고 싶은 마음, 친구들과 친해지고 싶은 마음을 공감하고 어떻게 하면 자신도 즐겁고 친구도 즐거운 방법을 찾을지에 초점을 맞추는 게 좋다. 아이가 문제 행동을 일으키기 전에 교사가 먼저 아이와 눈맞춤을 하고 격려하고 아이가 겪는 어려움을 들어주는 자세가 필요하다. 이미 문제 행동이 벌어졌을 때 할 수 있는 것은 많지 않다.

군이 이렇게까지 세심하게 해야 하느냐고 물을 수도 있을 것이다. 학폭 정식 절차가 나은 경우도 있지만, 사안 중에는 감정 싸움으로까지 번져서 책임 교사가 한 사례당 업무 처리에만 20시간 이상 매달려야 하고, 해당 교사 또한 매우 시달리기 때문에 원만하게 해결하여 가급적 학폭 사안으로 가지 않는 것이 바람직하다.

아이들 간의 다툼 문제는 이야기를 충분히 들어주고, 마음을 공감하며, 적절하게 정보를 교류하고, 장기적으로 아이들의 성장 기회로 삼는다면, 아이들의 성장과 더불어 교사들도 성장할 수 있다. 이것이 어느 정도 연습이 되고 훈련되면 걱정과 불안보다는 오히려 아이들과 교사에게 반가운 기회가 될 수 있을 것이다.

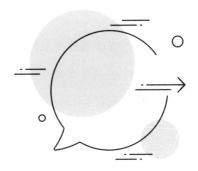

어디까지가
문제 행동일까?

어디까지가 문제 행동이고 어디까지가 문제 행동이 아닌지에 대해서는 늘 의견이 나뉜다. 그러나 적어도 교사는 여러 학생들을 만나면서 겪게 된 다년간의 경험과 동료 교사와의 대화 속에서 학생의 행동이 문제 행동에 해당할 정도로 심한지 심하지 않은지 판단할 수 있다. 혹시 교사 자신의 편견이 아닌가 생각될 때는 문제 행동에 대한 전문 서적들을 살펴보면 된다.

학교에서 학생이 문제 행동을 하면 교사는 그에 맞는 지도를 해야 한다. 문제 행동을 한다는 것을 해당 학생이 기분 나쁘지 않은 방법으로 알려야 한다. 우선 비언어적 제스처나 전체적으로 학생들을 환기시켜서 스스로 문제 행동을 알아차리게 하고, 교사가 문제 행동 때문에 수업 진행과 생활 지도가 불편하면 나-전달법으로 완곡하게 표현하기도 한다. 이렇게 해도 안 되면 개인 상담을 하고 학교 안의 위클래스 상담사나 복지사에게 상담을 의뢰한다.

교사들은 한 반에 적어도 한두 명 정도는 문제 행동이 심한 학생들을 만나게 된다. 그럼 학생들의 문제 행동에는 어떤 것들이 있을까? ADHD처럼 수업 시간에 가만히 앉아 있지 못하고 돌아다니고 떠드는 학생, 교사의 교육적 권위를 무시하고 지속해서 교사의 수업 진행을 고의적으로 방해하는 학생, 교우 관계에서 힘을 발휘해서 친구들을 괴롭히는 학생, 감정 조절을 못 해서 자신의 욕구가 좌절될 때는 교사와 친구들에게 분노를 폭발시키고 심각한 피해를 주는 학생, 수업 시간에 아예 말을 안 하고 참여하지 않거나 아예 엎드려 있는 학생 등이 대표적이다.

교사가 학생의 문제 행동을 대하기 쉽지 않은 이유

문제는 이런 학생들이 쉽게 바뀌지 않는다는 점이다. 위에서 언급한 대로 단계적으로 적절한 교육 방법을 찾고 적용해도 나아지지 않고 교사와의 관계마저 나빠지게 되는 경우가 많다. 이런 상황을 맞이하게 되면 교사는 하는 수 없이 학부모에게 연락하는 것을 고민하게 된다. 그런데 최근 들어 교사들 사이에서는 이런 말이 돌고 있다. "학생을 만나서 해결되지 않는 것은 학부모를 만나도 해결되지 않는다." 아마 10년 전이었다면 이 말에 대해서 교사들의 의견이 엇갈렸을 것이다. 그런데 최근에는 이 말에 적극 공감하고 학생과 문제가 있을 때 아예 부모에게 말하지 않는 것이 낫다고 말하는 교사들이 늘어나고 있다. 어쩔 수 없이 부모를 만나고 상담했지만, 기대했던 만큼 효과적이지 못했다는 반응도 주변에서 자주 들린다.

문제 행동을 먼저 말하는 것도 쉬운 일이 아니다. 경험적으로 문제 행동을 부모에게 말했을 때 호의적으로 나오는 부모들은 매우 적다. 10년 전만 해도 문제 행동을 부모에게 말하면 '우리 아이가 학교에서 문제를 일으켜서 죄송하다. 알려주셔서 감사하다. 집에서도 적극적으로 지도할 테니, 학교에서도 잘 부탁드린다'는 사과-감사-다짐-부탁으로 이어지는 깔끔한 대화가 오고 갔다. 부모가 적극적으로 교사가 전하는 말을 수용하니 대화가 순탄하게 이어진다. 그런데 언제부턴가 문제 행동에 대해서 아무리 조심스럽게 얘기를 해도 학부모가 받아들이지 않으니 교사도 부모에게 얘기하는 것이 부담스럽다. 도리어 "선생님이 우리 애를 미워하시네요", "선생님이 우리 애를 잘못 알고 계시네요. 우리 애를 제대로 이해하지 못하신 것 같아요"라는 말을 듣기도 한다.

다른 문제도 있다. 학부모의 부정적인 반응은 문제 행동을 해결하려고 노력하는 교사를 부담스럽게 하고 교사의 말을 학부모가 믿지 않으니 학교와 가정의 협력 지도를 어렵게 만든다. 학생의 문제 행동이 나아지기를 기대하기 어렵다는 측면에서 더 이상 다른 해법을 찾기 어려워진다. 부모도 학생의 문제 행동을 인정하지 않으니 학교에서만 노력해서 고치는 데에는 한계가 있다. 한편으로는 '부모가 인정을 하지 않으니 이런 문제가 생겼구나'라며 학생의 문제 행동의 원인 중 하나가 부모의 편향된 인식에 있음을 확인할 수 있을 뿐이다.

그렇다면 학부모가 교사의 말을 믿으면 나을까? 꼭 그런 것만도 아니다. 교사의 말을 듣고, 자녀를 집에서도 잘 지도하겠다는 말을 하고는 집에서 자녀를 혼내는 경우가 많기 때문이다. 그동안 별말이 없어서 학교생활을 잘하는 줄 알았는데 교사의 말을 들으니 교사가 참고 참다가 연락할 정도로 문제가 있었다. 부모는 화나 나서 아이에게 일장 훈계를 하면서 앞으로 계속 학교에서 문제를 일으키면 핸드폰을 빼앗거나 용돈을 줄이겠다고 아이를 협박한다. 이 말을 들은 아이는 교사에게 혼나고 부모에게 또 혼나니 기분이 나쁘다. 교사가 자신의 잘못을 부모에게 일러바쳤다고 생각한다. 어른들에게 칭찬은 잘 못 받고 혼나는 것만 늘어나니 자존감도 낮아지고 자신을 나쁘게 보는 교사와 학부모로부터 멀어지게 된다. 교사와 부모의 교육적 영향력도 약화되고, 그럴수록 학생은 더 엇나가게 된다.

관련 분야에 대한 충분한 지식을 갖춘다

　　■ 문제 행동을 가지고 학부모를 상담하기 위해서 는 매우 폭넓은 지식과 의사소통 기술이 필요하다. 우리 반에 ADHD 약을 먹는 학생이 있다. 학기 초보다 많이 나아져서 우리 반 아이들 도 그렇고 다른 반 선생님들도 놀라워했다. 그런데 11월 중순쯤, 학 생의 상태가 약간 나빠진 것처럼 보였다. 수업 시간에 약간이긴 했지 만 소리를 내고, 문제 행동을 지적하면 교사를 노려보고 책상을 손 으로 치거나 발을 구르기도 했다. 아직 횟수나 강도 면에서 학기 초 보다 많이 나아진 것이라 참을 만했지만, 갑자기 아이가 왜 이러는지 이해가 되지 않았다. 알고 보니 약을 안 먹어서였다. 아이의 보호자 인 할머니에게 전화를 드려서 약을 학교로 보내달라고 했다. 약을 집 에서 안 먹이면 학교에서 먹이면 되니까. 그런데 할머니와 얘기해보 니 왜 약을 먹기 힘든지 이유를 알 수 있었다. 할머니가 아침 6시에 출근하면서 아이를 깨워서 약을 먹여야 하는데 이게 쉽지가 않다. 아 이가 잘 못 일어나서였다. 늦게 잠들어 피곤한데 아침 6시에 약을 먹 기란 쉽지 않다. 최근 할머니가 직장을 바꾸면서 생긴 일이었다. 전 화를 하지 않았으면 몰랐을 것이다.

　원래 다른 친구와 다툼이 있어서 아이의 보호자인 할머니와 상담 을 하려던 것이었다. 그런데, 모든 문제의 시작은 약을 안 먹어서 학생의 자기 조절 능력이 부족해진 것 때문이었다. 자기 조절 능력이 약하되면서 발생하는 과잉 행동으로 인해서 친구와 부딪히고 그것이 다툼으로 이어지는 양상인지라 이런 다툼에 관해 이야기해도 할머니에게서 도움을 받을 수는 없는 상황이었다. 오히려 손자가 또 싸운다고 생각해서 양육에 대한 의지가 꺾이고 이 문제로 손자와 갈등을 겪을 수도 있다. 이렇듯 본질적인 부분에 주목해야 문제를 좀 더 쉽게 해결할 수 있다.

약이 효과를 발휘하는 데 약 2시간이 걸리므로 우선 아침 6시에 복용을 시도하고, 그래도 안 되면 학생이 알람을 맞춰서 평소에 일어나는 시간인 아침 7시 30분에 먹도록 안내했다. 그리고 학교에 약을 미리 갖다 놔서 복용을 못 했을 경우 먹도록 지시했다. 한편 약을 제대로 복용하기 위해선 밤 10시에는 취침을 해야 하고, 밤 10시에 취침을 하려면 취침 전 30분인 9시 30분 이후에는 휴대폰 사용을 안 해야 아침에 상쾌하게 일어나고 지각하지 않고 등교할 수 있다. 이 부분은 할머니가 손자와 협의해서 약속을 정하도록 하되, 과도한 잔소리는 부작용을 낳을 수도 있기에 억지로 정하지 않고 가급적 손자가 동의할 수 있도록 1주일을 두고 서서히 적용하도록 했다. 그래도 안 되면 담임 교사가 개입해서 습관을 기를 수 있도록 도왔다.

교사도 ADHD 학생에 대한 개별화된 수업 방법과 적절한 생활 교육에 대한 지식을 알고 있어야 ADHD 학생이 원활하게 학교생활을 하도록 돕고, 부모와 효과적으로 연계 교육을 할 수 있다. ADHD 학생에게 약을 먹일지 말지에 대한 논란은 있으나, 적어도 최근 대부분의 전문의는 ADHD의 경우 명백한 질병으로 분류되며, 검증된 약물을 장기 복용하는 것이 행동 증상 개선과 뇌 보호, 뇌 기능 정상화 등에 효과를 보인다고 설명한다.

교사가 학부모와 상담하기 위해서는 문제 행동 그 자체에 대한 충분한 이해와 제반 지식을 갖추고 부모의 입장을 충분히 공감하면서 부모를 조심스럽게 설득할 필요가 있다. 충분한 지식 없이 부모에게 특정 방식을 얘기하면 설득보다는 오히려 강요로 비치기 쉽고, 학생에게 적합한 방식을 가정에서 실천하게 만들기가 더 어렵게 된다.

문제 행동의 원인을 찾는 것은 쉽지 않은 일이다. 문제 행동이라 정의하기도 어렵고, 정확하지 않을 수도 있다. 어쩌면 더 큰 문제를 두고 눈앞에 보이는 것만으로 더 문제라고 생각할 수도 있는 것이다. 학생에 대한 이해가 중요하고 경우에 따라 전문가의 도움이 필요하다는 사실을 잊지 말아야 한다.

감정 조절을 잘 못 하는 학생이 있었다. 이 학생은 축구를 하다가 친구들과 자주 다퉜다. 상대편 공격수가 공을 몰고 자신을 돌파하려고 히차 수비를 하려고 가까이 다가갔는데, 공격수가 몸싸움 중에 팔로 이 학생의 어깨 부분을 밀었다. 나는 담임으로서 심판을 보던 중이었는데, 이 모습을 보고 휘슬을 불려다가 경기 흐름상 그냥 넘어갔다. 그런데 이 학생이 화난 얼굴로 그 학생을 쫓아가서 일부러 어깨로 밀고, 뒤이어 상대의 다리 부분을 발로 걷어찼다. 이에 상대편 학생이 경기를 멈추고 그 학생에게 다가가서 왜 반칙을 하냐고 따지니까 네가 먼저 어깨를 치지 않았느냐고 반문한다. 경기가 잠깐 중단되고 심판으로서 아이들을 말리기 위해 가까이 가다갔다. "처음에 공격수가 밀친 행동은 애매한 부분이 있고 몸싸움으로 볼 수도 있고 일부러 그랬다고 판단하기는 어렵지만, 뒤에 이루어진 수비수의 행동은 고의적이고 두 번이나 이어졌기 때문에 잘못이 크다"고 알려줬다. 그런데 이 학생은 계속 친구를 노려보고 씩씩댔다. 사실 이런 부분이 잘 이해가 되질 않았다. 평소에는 예의도 바르고, 심부름도 잘하는 아이였다. 반대로 수업 시간에 친구들과 하는 모둠 활동에서는 자주 다퉜다. 또한 운동도 곧잘 하는 편인데 자기중심적으로 플레이를 하고 고의적인 보복성 반칙도 몇 번 해서 친구들에게 미움을 받았다. 특히 교사가 보기에도 그리 다치지 않은 것 같은데, 한번 넘어지거나 친구와 접촉이 있으면 바닥에 뒹굴고 소리를 지르면서 고통을 호소했다. 이러니 다른 학생들은 "애, 또 엄살이다"라며 위로보다는 모른

척했고, 교사가 상태를 살펴보고 위로해줘야 겨우 일어났다. 이런 일이 자주 발생하니 경기 흐름이 끊기고 다른 학생들의 불만도 커져갔다. 교사로서 다른 학생들에게 이 학생을 좀 배려해주라고 해도 학생들의 마음은 좀처럼 움직이지 않았다.

당시 상담대학원을 다니고 있던 터라 상담 실습에서 이 학생을 대상으로 상담하면서 지도교수에게 학생의 상태에 대해 질문하게 되었다. 주로 감정 조절이 잘 안 되어 자주 화내는 부분과 이로 인한 학생들 사이의 갈등 관계를 어떻게 풀지에 대해 문의했다. 그런데 지도교수는 놀랍게도 "그 학생 지능은 어떤가?"라고 물었다. 이 학생이 수학은 기초학력 정도는 되고, 운동신경도 괜찮은 편이라 보통 학생으로 보인다고 말했다. 그랬더니 이번에는 "그 어머니는 어떠시냐?"고 질문했다. 나는 "그 어머니는 다른 어머니와 비슷하시고, 상담주간에 학교에 오셔서 말씀 편하게 하시면서 웃는 얼굴이신…"이라고 말하는 순간 뭔가가 뇌리에 스쳤다. 왜냐하면 이 학생의 어머니는 뭔가 말씀을 드려도 그저 웃기만 할 뿐 별다른 반응을 보이거나 추가 질문을 하지도 않고 구체적으로 어떻게 자녀를 교육할지도 밝히지 않았다.

지도교수의 조언을 받고 부모에게 학생이 예의도 바르고 운동도 잘하는 등 장점이 많은데 분노 조절이 잘 안 되고 친구들 간의 갈등을 풀기 어려워서 학생이 학교생활에 적응하고 균형 있는 성장을 하기 힘든 상황이라 안타깝다고 말했다. 학교에서 학생을 돕고 싶어도 학생에 대한 이해가 부족해 적절한 교육 방법으로 돕기에는 한계가 있으므로 학생의 잠재력을 펼치기 위해서는 전문기관에 가서 면대면 지능검사를 포함한 종합심리 검사를 받기를 권했다.

나중에 한 학년이 올라간 뒤, 비록 담임은 아니지만 학교에서 상담 업무를 맡으면서 검사를 잘 받았는지 결과는 어떤지 물었다. 그런데 대답이 좀 황당했다. 종합심리 검사를 권했는데 상담 기관에 분노 조절에 대한 부분을 의뢰했고, 상담사가 큰 문제는 없으니 몇 번만 상담을 받으면 된다고 했단다. 분명히 지도교수의 조언을 포함해서 지능검사를 신신당부했는데 소용이 없었다. 이후에 학교에서 기회가 되어 부모의 동의를 받고 면대면 지능검사를 실시했는데 학생의 지능이 특수학급 입급에 해당하는 검사 결과가 나왔다.

학교의 어느 누구도 그 학생이 특수 지능을 가졌을 거라고는 상상하지 못했다. 수학도 기초 실력 이상은 되었고, 운동도 곧잘 했기 때문이다. 그런데 결과를 알게 되니 그전에 사소하다 치부했던 의문들이 다 이해가 되었다. 축구를 잘하긴 했지만 킥력과 주력이 좋은 편이었을 뿐, 전술에 대한 이해가 부족하고 매번 같은 포지션과 비슷한 패턴의 공격만 했다. 경기 중 실수와 고의를 구분하기 힘들어했고, 여러 가지 놀이를 할 때 규칙을 제대로 이해하지 못해 친구들이랑 다투기도 했다. 다른 학생들이 충분히 이해하던 보드게임 규칙도 이해하지 못해서 경기를 안 하고, 이것이 안쓰러워서 교사가 게임 규칙을 추가적으로 설명해도 침울한 표정을 지으며 못 하겠다고 했다.

　결정적으로 국어 수업의 서술형 평가 시간에 얼음이 녹아서 살 터전을 잃고 먹을 것을 구하기 어려워서 생존을 위협받는 '북극곰의 눈물'이라는 글을 보고 자신이 지은이라면 북극곰에게 어떤 말을 하고 싶은지 상상해서 편지를 쓰는 문제에서 학습 능력의 한계가 드러났다. 안타깝게도 문제에서 의도한 내용은 전혀 못 쓰고, 그저 본문 내용 중 일부 내용을 무의미하게 베껴서 빈칸을 채웠다. 예전 담임 선생님들이 모르면 빈칸이라도 채우라고 했던 말을 기억하고 그랬던 것으로 추측되었다.

　이 학생과의 일은 교사가 보는 문제 행동의 이면에 더 큰 문제 행동이 있다는 것을 알게 해준 귀한 경험이었다. 반대로 학습 능력이 너무 떨어져서 경계성 지능이나 특수 지능이 아닌가 대부분의 교사들이 의심했던 학생은 IQ 지수가 정상의 평균인 100이 나왔다. 알고 보니 감정 조절에 대한 부분, 과거 가족과의 부정적인 경험, 다년간의 학습 결손 등으로 인해서 학습 능력이 제대로 발휘되지 못하는 경우였다.

　교사의 학생에 대한 이해는 제한적이고, 잠정적이며, 오류 가능성을 내포하고 있음을 잊지 말아야 한다. 그런데 학생과 오랫동안 생활하다 보면 이 학생의 문제는 무엇이고, 그것은 부모의 양육 방식과 과거에 채워지지 못한 애정 결핍 때문이라고 쉽게 결론을 내리는 경우가 있다. 자녀가 부모에게 큰 영향을 받는 것은 분명하지만, 아이가 부모로부터 어떻게 양육되있고, 그런 양육 방식이 아이에게 어떤 영향을 주었는지는 명확히 알 수 없다. 부모뿐만 아니라 아이는 학교에서 교사와 학생과의 상호작용을 통해서 많은 영향을 받기 때문이다. 또한 학생의 기질에 따라서 어떤 학생은 같은 경험을 해도 매우 예민하고 소극적인 반면, 다른 학생은 거침이 없고 적극적으로 대하는 학생들도 있다. 만약 이것이 초등학교 때부터 그랬다면 다르게 생각할 수 있지만, 유아기 때부터 그런 모습을 보이는 학생들이 있다. 이런 부분에 대해서는 교사도 쉽게 알 수 없기 때문에 평소에 부모와 신뢰를 쌓고 부모가 교사와 협력하며 학생의 문제에 대해서 쉽게 터놓고 얘기할 수 있는 분위기를 만들 필요가 있다. 이는 하루아침에 되는 것이 아니다. 다양한 경로로 부모와 소통하고, 교사의 학급 운영에 대해서 충분히 알리면서 믿음을 주었을 때 부모도 교사에게 적절한 정보를 준다. 때문에 교사와 학부모의 지속적인 소통은 학생을 보다 폭 넓게 이해하고 학교와 가정이 연계하여 효과적으로 교육할 수 있는 필수적인 요소가 되고 있다.

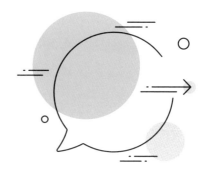

내 아이가
학교 폭력을 당하다니!

지금은 2020년 5월 22일 목요일 오후 2시 40분, 여덟 살 아들의 학교로 향하고 있다. 코로나19의 영향으로 1학년이 되었지만 입학식도 못 하고, 정식 수업도 못 받은 아이가 올해 5월 초에 학급도 다르고, 긴급돌봄반도 다른 동학년 여학생에게 맞았다. 아들 말에 따르면 그 여학생이 자기 친구를 때리려고 해서 그 친구를 위해 양팔과 다리를 벌려 막으니 허벅지를 걷어차고 주먹으로 가슴팍을 두 번, 얼굴을 한 대 때렸단다. 맞으니 아프고 '자기도 살아야 해서' 자기 자리로 가서 웅크리고 있었다는 얘기였다.

아이의 갑작스런 얘기에 놀라고 화가 났다. 아이의 말이 다 사실인지는 알 수 없지만, 그 여학생에게 맞은 일이 벌써 세 번째다. 5월 초에도 아들에게 비슷한 얘기를 들었다. 그 여학생이 남자애들을 자주 때린다고 했다. 얼마나 때리냐고 했더니 계속 때린단다. 아들 말을 들어주고 속상한 아이 마음을 공감해주고, 앞으로 비슷한 일이 일어나면 어떻게 할 것인지 같이 방법을 찾아보았다. 적어도 친구가 때린다고 해서 같이 때려서는 안 되고 때릴 때는 최대한 피하고, 할 수 있으면 하지 말라고 단호하게 얘기하고, 그래도 안 되면 선생님께 말씀드리라고 알려줬다.

아들은 엄마와 같은 학교에 다니는 걸 좋아한다. 아내도 아들과 다니는 것을 좋아한다. 학교생활도 재미있다고 한다. 같은 학교인 게 잘되었다 싶었다. 그런데 막상 학교 폭력 문제가 생기니 좀 껄끄러웠다. 아내는 교사이자 부모이기 때문이다.

사실 학교 폭력 업무를 맡으면서 내 자녀가 학교 폭력을 당한다면 나는 어떻게 할 것인지에 대해서 몇 년 전 《교사, 교육 개혁을 말하다》의 한 꼭지에서 다룬 적이 있다. 그리고 마침 학교 폭력 문제로 학교를 찾아가는 오늘이 공교롭게도 작년에 〈경향신문〉에 '내 아이가 학교 폭력을 당한다면'이란 칼럼을 올린 날이기도 하다. 자녀에게 학교 폭력을 당했다는 얘기를 들으면 다음과 같이 행동하라고 안내하는 내용의 칼럼이었다.

첫째, 당황하지 말고 우선 자녀의 말을 경청하면서 위로와 공감하기

둘째, 자녀의 말을 바탕으로 추가 질문을 해서 개략적인 상황을 파악하기

셋째, 자녀의 말을 믿어주되, 전체적인 상황 파악을 위해서는 판단을 유보하기

넷째, 학교에 신고하고 전모를 파악하기

다섯째, 자녀의 회복과 학교생활 적응, 재발 방지에 초점을 맞추기

여섯째, 진정한 사과와 재발 방지에 초점을 맞추되, 그것이 어려울 경우는 학폭위 절차를 밟기

이 칼럼을 아들의 학교로 가는 날 아침에 찬찬히 읽어보았다. 내가 쓴 칼럼을 내가 읽고 해결 방법을 되뇌고 있자니 기분이 묘했다. 5월 초에 아들이 그 여학생에게 발길질 당했다고 말했을 때 속상하고 화는 났지만, 나나 아내나 모두 의연했다. 아이한테 속상한 티도 내고 싶지 않았다. 그러면 아이가 자기가 잘못해서 부모를 힘들게 했다는 죄책감을 느낄 것 같았다. 그렇다고 과도하게 맞장구를 쳐주지도 않았다. 아이 말이 사실이라는 전제하에 피해를 입은 것에 대해서 위로와 공감이 필요하지만, 상대 아이에 대해 부모가 적대감을 갖거나 이번 일로 인해서 아이가 부모인 우리에게 계속 어리광을 부릴 거리를 만드는 것은 좋지 않다. 그래도 아이 얘기를 충분히 더 들어주고, 우리도 아이가 느끼는 감정에 충분히 머물러주면서 아이가 바라는

것이 무엇인지 들을 수 있었다.

그런데 걱정스러운 부분은 '새끼'이라는 말이었다. 아이는 이 여자애가 계속 그런다고 했다. 태권도를 다니는데, 선생님이 없을 때도 발길질이고, 선생님이 같이 있어도 안 볼 때 그렇게 한단다. 아들은 여덟 살 치곤 상황 설명이나 말을 정말 잘하는 아이라 어느 정도 신빙성은 있다고 생각되었다. 아내가 담임 선생님께 말씀을 드려서 아이 말이라 다 믿을 수 없지만, 자초지종에 대해 알아봐주고, 만약 사실이라면 아이가 사과받고 다음에는 비슷한 일이 생기지 않도록 긴급돌봄 선생님께 전해주고 좀 더 세심히 지켜봐달라고 부탁했다.

학교에 말하긴 했지만, 아들이 다니던 어린이집 때의 일이 떠올라서 염려되는 부분이 있었다. 아들이 여섯 살 때 어린이집에 다녔는데, 어느 날 집에 오더니 자기네 반에 ○○이가 대장이란다. 그리고 자기랑 다른 애들은 부하라고 말했단다. 이 말을 듣고 친구 사이에 부하와 대장 같은 건 없다고 얘기해줬지만, 이후에도 자기가 부하라면서 시무룩하다가 어떤 날은 ○○이가 대장을 시켜줬다고 우쭐했다. 이렇게 어린 시기에도 서열 짓기를 하는 경우가 있구나 하고 대수롭지 않게 여기고 그냥 넘어갔다. 그런데 어느 날 아이를 재우려고 같이 잠자리에 편하게 누워서 얘기를 나누던 중, 갑자기 아이가 '나, 어린이집에서 배를 맞았어'라고 하는 게 아닌가. 그래서 무슨 일이 있었냐고 물으니 시선을 피하면서 입을 꾹 다물고 눈물을 글썽이는 게 아닌가? 더 이상 말하고 싶지 않단다. 아내는 더 묻지 말라며 고개를 저으며 내게 눈짓으로 사인을 보냈다.

다음 날 아내가 어린이집 선생님께 정중히 아이에게 들은 얘기를 말했다. 그날 저녁에 선생님에게서 연락이 왔다. 결론은 그런 적이 없다는 것이었다. 그 ○○이라는 아이에게 물어보니 그런 적 없다고 해서 아들을 불러 같은 자리에서 상대 아이가 안 했다고 하는데 어떻게 된 거냐고 묻고, 아들이 대답을 안 하자 '얘가 안 그랬니?'라고 재차 물으니 안 그랬다고 대답했다는 것이었다.

아내 말을 들은 나는 황당했다. '아니, 일을 이런 식으로 처리하나?' 싶은 마음에 당장 어린이집에 전화해서 사실 확인 방식에 대해서 따지고 싶었지만, 그 선생님도 모르면 그럴 수 있다고 생각했다. 개인적으로 학교 폭력 업무를 오랫동안 맡고 주변 선생님들을 도우면서도 수많은 시행 착오와 오류 수정의 과정을 겪었다. 뭐든 익숙하지 않은 일이 있을 수 있다. 관행적인 일 처리를 하다 보면 잘 달라지지 않을 수도 있었다. 어린이집에서 누군가 맞았다고 했을 때 어떻게 상황을 파악하고 아이를 도울지에 대한 매뉴얼은 없을 것 같았다. 아내를 통해서 그 선생님께 이렇게 안내했다.

잘못한 아이한테 네가 잘못한 게 맞냐고 하면, 들킨 게 아니라면 우선은 잡아떼고 버티는 게 애들의 본능이다. 그리고 친구에게 맞아서 힘들다고 하는 아이에게 아무런 예고나 동의 없이 불러서 때린 애와 서로 마주보고 얘기하게 하면 맞은 애는 그 애가 무서운데, '쟤가 때렸다'고 쉽게 말하기 어려울 것이고, 나중에 그 아이가 자신을 이른 것에 앙심을 품고 보복을 할까 두려워하지 않겠냐는 의견을 전했다. 그러니, 선생님께서 우선은 평소처럼 편하게 애들을 대해주면서 애들이 어떻게 노는지, 그 애가 어떤 식으로 친구를 대하는지 관찰해달라고 부탁했다. 아직 들키지는 않은 자기 행동을 쉽게 바꾸지 않는 게 애들의 생리다. 교사 입장에서는 그 애가 교사 앞에서는 그런 모습을 보이지 않았기 때문에 '걔가 그럴 애가 아닌데…' 하는 편견을 갖기 쉽다. 편견을 내려놓고 있는 그대로 관찰하려고 하면 쉽게 내막이 드러날 것이다. 혹시 드러나지 않으면 진짜 그런 행동을 하지 않은 것일 수도 있고, 교사의 관심과 인지로 그 아이도 조심한다는 얘기니 다행일 수도 있다.

어린이집 선생님은 아내의 말을 수용하고 애들 모르게 자세히 관찰해보기로 했다. 그 결과 이 남자애가 교사가 안 보는 사이에 대장 노릇을 하고 몸으로 힘을 쓰면서 애들을 치는 모습이 여러 차례 관찰되었다. 여자애들 중에 똘똘한 애들에게 물어보니 이날 교사가 관찰한 모습이 전에도 여러 번 있었다고 했다. 교사는 그 아이를 불러서 알아듣게 자세히 얘기를 하고 아이 부모에게도 전화를 드렸단다. 부모도 놀라긴 했지만, 받아들이고 시간을 내서 좀 더 자세히 상담하기로 했단다.

다시 돌아와서 아들 학교로 가면서 여러 가지 생각이 들었다. 이 중 관계인 아내보다 내가 나서는 게 좋겠다는 생각이 들었지만, 마음은 좀 무거웠다. 전날 아들의 마음을 안정시키고 자초지종을 다시 물어보고 녹음을 했다. 아이 입장에서 다시 떠올리기 싫은 일이지만, 이런 일을 막으려면 구체적인 사실관계 파악을 할 수밖에 없는 분명한 이유가 있었다. 아들은 설명 하나는 4~5학년 못지않게 잘한다. 말이 오락가락하지 않는다. 스무 명이 넘는 어린이집 애들 이름도 다 알고 있었다. 유도 질문 없이 최대한 나의 개입을 줄이고 말하게 했다. 저학년 애들은 말이 오락가락하기 때문에, 녹음한 내용을 풀어서 선생님에게 보내면 상황을 파악하고 해결 방법을 찾는 데 도움이 된다. 학폭 일의 절반 이상은 사실관계 파악에 있다. 아무리 갈등이 심한 문제라도 적어도 사실관계 파악이 7~80퍼센트 정도 관련 학생 간 일치하면 그다음 일 처리가 수월하다. 아내가 담임 교사와 전화로 충분히 얘기했으니 나는 문자로 녹취 내용을 보냈다. 잠시 후 전화가 왔고 오후 3시에 아들의 교실에서 담임, 긴급돌봄 교사, 때린 학생의 담임 교사가 자리에 함께하기로 했다. 잘 되었다 싶었다. 담임 교사와 일대일로 얘기하는 것보다 이 문제 해결에 관련 있는 이들이 모여서 얘기를 나누는 것이 훨씬 효과적이다.

주차를 하고 아들의 교실로 찾아가는 사이 기분이 이상했다. 개인적으로 교육지원청에서 학교 폭력 현장 지원과 갈등 조정 지원 활동을 하고 있고, 학교 폭력 문제로 선생님들이 겪는 어려움을 돕는 일을 주로 하다 보니, 나는 아들 문제로 학교에 가는데 자꾸 무슨 학교 폭력 사안 처리를 위해 현장 지원을 나온 느낌이 들었다. 부모 교육 소모임도 8년 정도 운영하다 보니 자꾸 상대 아이의 부모님께 뭐라도 말해줘야 할 것 같은 기분이었다. 그러나 이건 좀 아닌 것 같았다. 나는 오늘 이 자리에 한 아이의 아버지로 가는 것이다. 우선은 아들만 생각하자. 아들이 말은 했지만, 내가 잘 모르는 부분도 있을 것이고 아들이 잘못 알고 있는 부분도 있을 것이다. 내가 아이에 대한 상대 학생의 폭력적인 행동에 관해서 지난 열흘간 학교의 조치에 대해 서운한 부분도 있겠지만, 우선은 학교 입장과 설명을 들어보는 것도 중요하다. 상대 부모가 이 상황을 어떻게 받아들일지도 궁금했다. 부모가 아이에 대해 제대로 이해하고 효과적인 교육 방법에 대해 배울 필요가 있을 것 같았다.

교실에 들어가서 한 시간 동안 선생님들과 이런저런 얘기를 나눴다. 좁은 교직 사회에서 민감한 문제라서 지면에서 다 다루기는 쉽지 않지만, 개략적으로 다음과 같다.

진심 어린 사과와 재발 방지 노력(아예 없기를 기대하기는 어렵기에), 아들이 원할 경우 개인 상담, 상대 학생 심층 상담, 관련된 아이들이 함께하는 자리에서 회복적 서클 방식의 사과와 치유의 자리, 상대 학부모를 위한 자녀 이해와 자녀 교육법 상담, 긴급돌봄 상황인지라 하루에 여러 명의 교사가 교대 근무하는 상황에서 인수인계 공백 없게 조치하기, 긴급돌봄 학생들을 위한 교우 관계 회복 프로그램 진행, 돌봄 아이들이 협력해서 돌봄교실 규칙을 만들고 지키기 등을 주문했다. 온라인 수업 상황에서 바로 시행되기는 어려울 것이니 시간을 두고 차근차근 해주길 부탁했고, 학교에서도 흔쾌히 동의해주었다. 안 그러려고 했지만, 제 버릇 어디 안 가는지라 대화 초반에는 아버지로서, 그다음은 학교 폭력 현장 지원 활동 느낌으로, 후반부는 부모 교육 실천가로서 말했다.

내 아들 문제가 서서히 풀리는 듯한 느낌이 드니까 상대 아이가 눈에 들어왔다. 돌봄 친구들에게 환영받지 못하고 힘을 써야 주변에서 반응도 보이고, 말보다는 몸이 먼저 반응하는 아이였다. 비난보다는 공감과 배움이 필요한 아이였다. 며칠 뒤 애들이 함께한 사과와 화해의 자리에 대한 얘기를 들었다. 그 자리에서 아들이 그 여자애에게 먼저 앞으로 사이좋게 지내자고 손을 내밀었다고 한다. 상담교사도 멈칫했는데, 코로나 비상상황에서 바로 악수할 수는 없으니 손소독제를 바르고 악수하고 다시 손소독제를 발랐다고 한다. 이 말을 듣자 절로 미소가 지어졌다.

해피엔딩이 되긴 했지만, 순간순간 상황을 떠올려보면 쉬운 일이 하나 없다. 잘될지 안 될지 알 수 없으나 그저 아이들의 성장에 초점을 맞추고 고민하며 공동체가 모여 하나하나 의논해서 풀어갈 뿐이다.

기본적으로 고의적이고 지속적인 힘의 우위에 의한, 선도 가능성이 거의 없는 폭력 문제가 아닌 한 학교 폭력은 폭력의 관점이 아닌, 아이들에 대한 이해의 기회, 어른들의 반성과 성찰의 기회, 공동체 문제 해결의 집단지성의 총화로 풀 수 있다. 만감이 교차한 이번 일을 겪으면서 내 아이가 아닌 우리 아이들이 보였다. 나는 한 아이의 아버지이며 교육자이다. 아버지도 교육자도 혼자서는 안 된다. 내 아이만 봐서는 안 된다. 아버지와 교육자의 공통점은 우리 아이들을 위해 존재한다는 점이다. 오늘따라 내 아이가 아닌, 우리 아이들이 내 마음속에 가득해졌다.

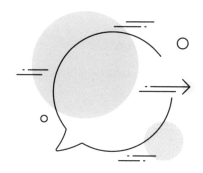

깐족이와 버럭이의
같은 상황 다른 생각

한 선생님에게서 다음과 같은 메시지를 받았다.

반에 영수와 철수라는 학생이 있습니다(가명, 3학년). 영수는 평소에 장난이 많은 학생입니다. 철수는 아주 거친 학생이고요. 축구를 잘해 아이들이 같이 놀고 싶어 하면서도 거친 성정 때문에 아이들이 철수를 많이 무서워합니다. 하지만 영수는 누구 눈치 보고 그런 아이가 아닙니다. 그러다 보니 영수와 철수는 종종 같이 놀기도 하지만 둘이 부딪히면 항상 몸싸움이 크게 납니다.

이번 일도 영수가 철수와 놀다가 실수를 한 사건인데 그런데 철수가 너무 심하게 반응을 했습니다. 영수에게 사과를 요구했는데 사과를 하지 않는다는 이유로 목을 조르며 때렸어요. 당연히 영수 어머니는 화가 나서 항의를 하셨습니다.

영수 어머니와의 통화 과정에서 저와 큰 마찰은 없었습니다. 되도록 영수 어머니의 말씀을 많이 들어드렸고, 많이 속상하시겠지만 잘 해결하도록 하겠고 상대 학부모와는 제가 따로 얘기해서 해결 방안을 모색하겠다고 말씀드렸습니다.

그 뒤 철수 아버지가 상담을 오셔서 상대방 부모님께 죄송하다고 말씀하시며 저에게 전해달라 하셨고 영수 부모님께서 직접 사과를 받기를 원하시면 그렇게 하겠다고 해서 그대로 전해드렸습니다. 그리고 그 뒤로 두 학부모가 통화를 해서 철수 부모님이 영수 부모님 및 영수에게 사과를 한 걸로 알고 있습니다.

문제는 그다음이에요. 영수 부모님이 저에게도 말씀하실 때 철수가 또 그러면 어쩌냐고 계속 어필을 하셨거든요. 물론 그분 마음을 이해 못 하는 건 아닙니다만 철수 부모님이 그렇게까지 하셨는데도 계속 그런 말씀을 하시더라고요. 지난 주말 철수 부모님으로부터 사과를 받으셨음에도 불구하고 5학년인 영수 누나 영희에게 학교에 가면 우리 반에 쉬는 시간마다 가서 무슨 일 없는지 살펴보고 촬영을 해오라고 했답니다.

솔직히 이게 웃기는 상황인 게 영수는 지금도 철수랑 쉬는 시간에 종종 어울립니다. 또 제 입장에서 이해가 안 가는 게 철수와 자리를 분리를 시켜줬는데도 영수는 쉬는 시간에 철수랑 놀고 싶어 그쪽으로 갑니다. 둘이 또 잘 놀아요. 저는 이런 영수가 이해가 안 갑니다. 하지만 영수 엄마의 걱정이 기우는 아니라 생각합니다. 애들 성격이 어디 가겠습니까. 아마 영수는 철수를 또 장난이랍시고 건드릴 거고 철수는 또 영수를 때리겠죠. 이런 이야기를 하는 이유는 지난 주말 철수 부모님이 영수 부모님께 사과까지 했다는데 오늘 철수는 또 다른 애를 때리고 있어서예요. 부모가 자기 행동 때문에 영수 부모님께 어떻게 하고 왔는지 모르기 때문에 그렇게 행동하는 거라고 생각해요. 영수는 장난이 너무 심해서 비록 큰 싸움은 아니라 해도 철수 이외의 아이들과도 소소한 싸움이 잦은 아이인데 그 부모는 자기 아이가 그런 걸 전혀 모르는 것 같습니다. 자기 아이가 하는 장난은 또래 아이의 흔한 장난이라고 생각하는 것 같아요. 자기 아이가 시작한 장난이 눈덩이 불어나듯 커져서 큰 싸움이 될 때가 잦은데도 자기 자식의 그런 성정은 전혀 모르는 듯하는 눈치고요. 영수의 장난은 어린 아이가 할 수 있는 수준이라고 생각하고 있는 것 같아요.
이런 경우에는 제가 어떻게 대처해야 현명한 걸까요?

이 글을 읽으시는 분들이라면 자신의 경우 이 문제를 어떻게 할 건지 3분 동안만 머릿속에 떠올려보고 간단히 생각을 써보자. 떠오른 것을 써보기만 해도 생각이 정리되고 실제 상황에서 큰 효과를 얻을 수 있다.

위의 문제 상황에 대한 필자의 접근 방법은 다음과 같다.

- 먼저 교사 자신의 마음 상태를 돌아보고 자신을 돌보기 위한 마음
가짐을 갖는다. 교사의 마음 돌보기가 시작이요 끝이다.
- 문제의 세밀한 부분까지 파악한다.
- 문제 아이를 맡았던 작년 담임, 교과 전담, 보건 교사, 상담실, 방과
후 교사, 돌봄교실 교사, 작년과 올해 같은 반 친구들에게서 정보를
얻는다.
- 아이의 마음, 부모의 마음이 어떤지 깊이 이해하려고 노력한다.
- 문제의 패러다임에 갇히지 않고, 장점과 욕구, 해결 중심으로 생각
의 균형을 맞춘다.
- 부모의 양육 방식, 형제 관계, 자녀와 부모와의 관계를 살핀다.

– 앞으로 벌어질 일을 예측하고 어떻게 대처할지 미리 준비해둔다.

– 아이는 서서히 변한다. 올해 할 수 있는 만큼만 한다.

교사의 마음 상태를 먼저 돌보자

저런 학생을 만났다면 교사의 마음은 어떨까? 아이들이 또 싸울까, 크게 다칠까 걱정될 것이다. 영수의 학부모가 강하게 민원을 제기할까 걱정도 된다. 학폭위가 열릴까 두려울 수도 있다. 생각만으로도 곧 그렇게 될 것 같아 피로감이 몰려온다. 그런데 마땅히 해결책이 없으니 무력감이 들 수도 있다. 아이들이 실제로 싸우고 있는 모습을 본다면 매우 당황스러울 것이다. 계속 싸우는 아이들에 대한 실망감에 맥이 풀리는 기분일 수도 있다.

문제 상황을 세밀하게 파악하자

영수는 장난을 좋아하고 명랑해 보이는 성격이다. 교사가 주의를 줘도 나중에 다시 장난을 친다. 철수는 감정 조절이 잘 안 되는 아이다. 친구의 장난에 강하게 반응하고 여러 친구를 때린다. 영수의 어머니는 영수의 장난이 그 나이 정도의 아이가 할 수 있는 수준으로 생각하고, 철수의 아버지는 철수의 잘못을 알고 만나서 사과를 했다. 영수 어머니는 철수가 또 영수를 때릴까 걱정하는데 정작 두 아이는 함께 잘 논다.

위의 메시지를 보낸 선생님과 40여 분 동안 통화하면서 영수와 철수, 철수 아버지에 대한 정보를 좀 더 얻을 수 있었다. 영수는 선생님도 하지 않은 얘기를 만들어서 어머니께 전한 적이 있었다. 철수는 친구가 미안하다고 하면 "죄송합니다"라고 사과를 다시 하라고 했고, 다른 반 아이와 놀다가 다퉜을 때도 실내화로 친구를 때리고, 그 자리에 있던 애들과 맞은 애도 철수에게 사과했다고 했는데, 철수는 사과를 받은 적이 없다고 한다. 모둠에서 한 아이 때문에 그 모둠이 잘하지 못했을 때 잘못한 아이를 심하게 비난한다. 화가 났을 때는 마음을 살살 달래도 풀리는 데 한 시간이 걸린다. 영수 어머니는 다른 애들이 영수를 못살게 군다고 생각하지만, 선생님이 보기에 영수가 다른 애들을 더 때렸으면 때렸지, 덜 때릴 아이가 아니다. 철수 아버지는 자신이 학교에 온 것을 철수에게 알리지 않기를 바라고, 철수의 자존심이 매우 세다고 얘기한다.

아이를 맡았던 작년 담임, 교과 전담, 보건 교사, 상담실, 방과후 교사, 돌봄교실 교사, 작년과 올해 같은 반 친구들에게 정보를 얻자.

아이들은 매우 다면적이다. 다양한 상황에 따라 여러 가지 모습을 보인다. 가정과 학교에서의 모습이 다른 경우도 많다. 가정은 사랑과 정으로 이루어진 곳이고, 학교는 학업과 동료 관계가 지배하기 때문이다. 어떤 아이는 집에서는 조용한데 학교에서는 명랑하다. 어떤 아이는 남교사 말은 잘 듣는데 여교사 말을 잘 안 듣는다. 이 경우 아버지가 강압적으로 무섭게 교육해서 여교사 말을 안 듣거나, 어머니가 잔소리를 많이 해서 생긴 부정적인 영향이 여교사가 교육할 때와 비슷해서일 수도 있다. 그만큼 부모의 양육 태도가 아이들에게 많은 영향을 미친다. 아이들이 어떤 상황에서는 특정 행동을 하고, 다른 상황에서는 특정 행동을 하지 않는지 파악하면 아이를 보다 깊고 넓게 이해할 수 있다.

아이가 끊임없이 문제 행동을 하고, 학부모는 교사에게 협력하기는커녕 도리어 학교를 탓하고 강하게 민원을 제공하면 교사는 심리적으로 위축되어 상황을 왜곡되게 해석하거나 학부모 상담을 피하게 된다. 그러나 교사는 교육 전문가이다. 연구와 실천이 쌓이면 대부분 극복할 수 있고, 아이와 부모가 변할 가능성이 높다. 그래도 안 되면 어쩔 수 없지만, 교사가 전문적인 역량을 갖게 된다면 상황을 좀 더 여유 있게 대할 수 있다. 아이와 학부모를 이해하기 위해서는 기록이 매우 중요하다. 아이의 모든 행동을 다 적을 필요는 없지만 아이가 문제 행동을 할 때와 하지 않을 때, 그때의 상황, 교사의 지도와 그에 대한 아이의 반응을 적절히 기록하는 것이 중요하다.

영수는 깐족이 이미지로, 철수는 버럭이로 보인다. 그러나 역시 아이는 아이다. 깐족거림은 평가적인 말이고 영수를 표현하는 전부가 아니다. 장난을 잘 친다면 보통 유머 감각도 있고 학급 분위기를 명랑하게 하는 데 도움이 된다. 철수는 과제 몰입도가 뛰어나 보인다. 열심히 공부하려는 마음도 있다. 그 외에 모르는 장점들도 많을 것이다. 그 장점을 찾아서 즉각적으로, 구체적으로, 공개적으로, 과정에 초점을 맞추어 칭찬하고 격려하는 것이 필요하다. 아이들은 교사의 관심, 공감, 칭찬, 격려가 70~80퍼센트이고 교정적인 메시지가 10~20퍼센트 정도 되어야 변화할 수 있다고 한다. 따스하고 긍정적인 분위기가 학급과 아이의 상호 작용 전반에 미쳐야 자연스럽게 아이도 달라진다.

그렇다면 영수의 욕구(바람)는 무엇일까? 영수는 장난이 심하다. 장난을 넘어 친구를 귀찮게 하고 때로는 위험할 때도 있다. 친구가 원하지 않는 장난을 하는 것은 장난도 아니고, 영수가 진정 원하는 것도 아니다. 영수가 원하는 것은 재미와 친구 사이의 친밀감이다. 영수가 심한 장난 외에 재미를 얻고, 친구들과 유대를 쌓을 수 있는 방법을 상담을 통해 찾을 수 있다. 반대로 철수는 자존감, 성취감을 중요하게 생각한다. 자기 모둠이 잘못했을 때 좌절감을 느끼고 친구가 미워진다. 교사가 공감해줘도 쉽게 마음이 풀리지 않는다. 그렇다면 철수가 자존감과 성취감을 얻을 수 있는 방법을 함께 찾아야 한다. 철수에게 물어보고, 아이들의 동의를 얻어 학급 회의로 다룰 수도 있다. 이런 경우 감정 카드와 역할극이 도움이 된다. 감정 카드로 자신의 느낌을 파악하고, 느낌 뒤에 자기가 원하는 것이 무엇인지 욕구 목록표에서 찾아보고 어떻게 하면 다른 사람에게 피해를 주지 않으면서 자신의 욕구를 만족시킬 수 있을지 계속 탐색하게 한다.

아이와 부모와의 관계를 살펴서

부모의 양육 방식은 아이에게 영향을 미친다. 영수의 모습은 집에서도 반복될 가능성이 높다. 둘째 특유의 눈치가 빠르고 장난스런 성격으로 누나와 다툼이 많을 수 있다. 영수 어머니도 영수의 그런 점을 인지하고 다루기 어려워할 수 있다. 그런데 학교에서는 혼나지 않길 바란다. 영수가 중간에서 정보를 조작해서 전달하고 학교에서는 잘 놀면서 집에 가서는 친구 때문에 힘들다고 말해서 관심을 받을 수도 있다. 영수를 2주간 자세히 관찰한 뒤 학부모에게 상담을 요청해도 좋다. 영수의 장점을 충분히 말한 후, 가정에서는 어떻게 지내는지 묻는 것이다. 그런 뒤 영수의 행동이 친구 관계에 미치는 영향을 말하면서 부모님의 생각을 물어보자. 학교에서 지도 방향을 말하고, 부모님께 협조를 부탁하자. 혹시 궁금한 부분이나 부탁할 것이 있는지도 확인한다. 핵심은 아이가 전하는 말과 아이의 학교생활이 다를 가능성이 있다는 것을 영수 어머니가 자연스럽게 인식하게 하는 데 있다.

철수 아버지는 아이가 자존심이 세고 상처를 쉽게 받는다고 얘기

지혜로운 교사는 어떻게 학부모 상담을 하는가?

했다. 철수와 아버지와의 관계에 대해서 알아볼 필요가 있다. 혹시 지나치게 옳고 그름을 따지는 교육을 하지는 않는지, 아이가 속상했을 때 잘잘못을 떠나 충분히 공감을 받는지 확인해봐야 한다. 그리고 철수가 친구의 목을 조르거나 실내화로 친구를 때리는 것은 정도가 좀 심하다. 부모님께서 성적에 대해서 너무 강조하거나 성적에 따라 벌과 보상이 있는지도 살펴야 한다. 과중한 학습 스트레스로 아이의 폭력성이 커질 수 있기 때문이다.

학부모 상담을 할 때는 교사가 아이에게 관심을 갖고 좋게 생각하며, 교사가 부모와 한편이 되어 아이를 도우려고 한다는 생각을 학부모가 갖도록 해야 대화가 편안하게 진행된다. 학부모라면 어떻게 이 말을 받아들일지 감정 이입을 하는 연습을 충분히 하는 것이 좋다.

앞으로 벌어질 일을 예측하고 준비하자

앞으로 이런 일이 또 발생할 수 있다. 이때는 침착하게 대응하는 것이 좋다. 문제가 해결되려면 연습이 되어야 한다. 다시 벌어진 사건에 화가 나겠지만, 교사가 평정심을 유지해야 아이들을 제대로 교육할 수 있다. 학교에 상담사가 온다면 철수의 부모에게 동의를 받아 철수가 정기적으로 상담을 받도록 하자. 철수가 속상한 마음을 풀고, 자기 감정을 조절할 수 있도록 돕는 것이다. 정도가 심하다면 경우에 따라 충분한 논의 후 학폭위를 여는 것도 고려할 수 있다. 아직 3학년이라면 좀 더 지켜볼 수도 있겠지만 자기 행동의 위험성을 충분히 알 수 있는 기회가 필요하기도 하다.

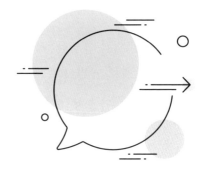

소통이 어려운 학부모와의
어긋난 대화

새로 학교를 옮긴 후 3월 말쯤에 겪은 일이다. 급식실을 전 학년이 교대로 이용해서 우리 반은 5교시를 마친 뒤 점심 식사를 해야 했다. 식사 후 1층에서 엘리베이터를 타려고 기다리는데, 잠시 후 문이 열리고 갑자기 두 학생이 튀어나오면서 뛰어갔다. 뛰지만 않았으면 부르지 않았을 텐데 애들이 뛰니까 반사적으로 내 입에서는 "얘들아 이리 와봐"라는 목소리가 자동으로 나왔다. 이 말 한마디가 앞으로 어떤 파장을 불러일으킬지 그때는 알지 못했다.

"얘들아, 무슨 일로 엘리베이터를 탔니, 어디 아프니?"

한 아이는 배가 아프다고 하고, 다른 아이는 다리가 아프다고 했다. 상식적으로 말이 안 된다. 배 아프고 다리 아픈 애들이 어떻게 그렇게 빨리 뛰어갈 수 있을까?

"너희들 아픈 거 맞니?"

아이들이 대답을 못 한다. 나는 아이들을 원래 있던 교실로 데리고 가야 하겠기에 우선 같이 엘리베이터를 타고 5층으로 올라가면서 이런 얘기를 했다.

"얘들아, 엘리베이터는 아플 때 타야지. 그리고 급할 때는 선생님 허락을 받아서 타야 되는 거야, 알겠지? 여기서 걸어 내려가."

애들이 4학년이라는 것을 알고, 애들 교실이 있는 5층에서 아이들과 같이 내렸다. 애들 둘이서 빠른 걸음으로 계단으로 내려가는 게 보였다.

6교시는 운동장에서 애들과 간단한 놀이를 했다. 놀이가 거의 끝날 무렵 교감 선생님이 우리 반 있는 곳으로 오신다. 예감이 좋지 않다. 애들을 보내고 교감 선생님께 다가가니 혹시 엘리베이터 이용 문제로 애들을 5층에서 걸어가게 했는지 묻는다. 맞다고 대답하니 교무실에 민원 전화가 왔다면서 포스트잇에 적힌 전화번호를 준다.

눈코 뜰 새 없이 바쁜 3월, 금요일 수업을 마치고 나면 교사의 에너지는 거의 방전 상태가 된다. 나름 에너지를 짜서 애들 체육 수업을 하면서 이제 6교시만 끝나면 한숨 돌리겠다 싶었는데 이건 뭔가 싶었다. 당황스러웠지만 내가 지도한 것에 문제가 있다고 생각되진 않았고 자초지종을 말하고 이해를 구하면 잘 해결되겠다 싶었다. 한편으로는 과연 이게 학부모가 전화할 일인가 하는 의문도 생겼다. 그래도 어쩌랴. 긴장되는 마음을 가라앉히고 전화번호를 눌렀다.

의외로 아이 엄마 목소리가 차분하다. 화를 내는 분은 아니다. 좀 다행이다 싶었다. 그런데 대화를 하다 보니 내가 취조당하는 느낌도 든다. 내가 알고 있는 상황과 엄마가 알고 있는 상황이 다르다. 그러니 내가 대화 중간에 부모님 말을 조금씩 자르고 끼어드는 모양새가 되었다. 어머니도 좀 불편해하는 듯하다. 약간씩 뭔가 어긋나고 있다는 걸 교사인 나나 아이 엄마나 직감했을 것이다.

당시 아이 엄마는 아이를 차로 태우고 가려고 주차장에서 기다리고 있었단다. 엄마가 왜 늦었냐고 물었고, 아이는 엄마가 병원에 가니까 빨리 오라는 말을 선생님께 했음에도 5층으로 다시 올라가서 걸어가게 했다고 변명을 했다. 이 말에 아이 엄마는 화가 났다. 아이가 사정을 얘기했음에도 1층으로 내려온 아이를 어떻게 다시 5층으로 올려보낼 수 있는지 이해가 되지 않았던 것이다. 그런데 정작 나와 통화를 해보니 아이가 말했던 얘기와 다르다. 부모는 당황스럽다. 아니 더 화가 난다. 자녀가 거짓말한 것이 교사에게 들통났으니까.

예전에는 이런 경우라면 보통 부모들이 약간 물러섰지만, 최근에는 상황이 달라졌다. 자녀의 잘못이 드러나면 부모가 물러서기는커녕 더 화를 내거나 교사 때문에 그런 일이 생겼다고 따지는 부모들이 늘어나고 있다.

서로 예상한 대화 시나리오가 빗나가고 아이 엄마는 이미 내려온 애들은 그냥 집으로 보내고 다음에 타지 말라고 하거나, 한 번 더 그러면 부모님을 모시고 오라고 교육하는 게 맞다면서 교사를 훈계한다. 대화 진행이 쉽지 않아서 혹시 학교 오셔서 말씀 나눌 수 있냐고 하니 시간이 안 된다고 한다. 이에 나는 엘리베이터는 몸이 아프거나 선생님께 허락받은 경우만 타는 거라고 반박한다. 사실 부모에게 전화하기 전에 이미 그 아이 담임 선생님에게 아이가 어떤지 물어봤다. 분명 아이는 아프지 않았단다. 선생님께 허락받은 것도 아니었다.

나도 대화가 이렇게 진행될 줄 몰랐다. 교사와 부모 사이에서 아이가 정보를 왜곡하는 것은 자주 일어나는 일인데도 감이 떨어졌는지 예상치 못했다. 당황스럽지만, 아이의 거짓말이 드러났으니 대화가 잘 마무리되리라 생각한 것과는 다르게 점차 안 좋게 흘러간다. 어머니들은 아이가 혼나는 것을 마치 자신이 혼나는 것으로 생각한다. 2012년 EBS에서 방송된 〈마더 쇼크〉에서도 나왔듯 어머니의 뇌는 아이의 성공과 실패를 동일시한다. 자신이 잘했을 때 반응하는 뇌의 쾌락중추 부위와 자녀가 잘했을 때 반응하는 부위가 같다. 잘했을 때는 문제가 없지만, 잘못했을 때는 좌절과 수치심, 죄책감을 같이 느낀다.

이러니 부모는 자녀가 스스로 좌절 속에서 일어날 수 있는 경험을 하도록 기다리기보다는 조급증에 과도하게 개입하고 자녀의 잘못을 비난하기 쉽다. 더군다나 대한민국 부모는 미국 부모와 달리 '남보다' 더 잘해야 뇌의 쾌락중추가 반응한다고 하니 부모들의 자녀 성적 스트레스가 높을 수밖에 없다.

이 엄마와의 대화는 평행선을 달리다가 더이상 진행이 힘들어졌다. 아이 엄마는 교사가 지도 방법을 바꿔야 한다고 하고, 교사인 나는 아이가 거짓말해서 생긴 문제이고 동일한 상황이 생겨도 같은 방식으로 할 거라고 입장을 고수한다.

결국 아이 엄마는 내일 학교에 찾아가 교장 선생님 앞에서 얘기하겠다면서 일방적으로 전화를 끊어버렸다. 다시 전화를 했지만 통화가 되질 않았다. 뒷끝이 개운치 않았다. 이렇게 될지 예상하지 못했다. 곧 교무실로 전화가 다시 올 것 같기도 했다. 교감 선생님께 우선 메시지로 간단히 보고하려는데 급하게 동학년회의를 한다는 메시지가 왔다. 쓰던 메시지 창을 닫고 연구실로 갔다. 하지만 아까 그 부모와 했던 얘기에서 헤어나지 못해서인지. 회의 내용이 잘 들어오질 않았다. 회의 중간에 아이 엄마에게 다음과 같이 문자를 보냈다.

> 어머님, 5-4담임 이상욱입니다. 오늘 많이 바쁘셨나 보네요. 제가 어머님께서 ▮▮이를 기다리시는 걸 알았다면 그렇게 안했겠지만, ▮▮이가 그렇게 말을 안해서 제가 나름대로 생각하는 합리적인 방식으로 얘기했습니다. 혹시 따로 뵙기를 말씀나누길 원하시면 제가 찾아뵐 수도 있겠네요. 평안한 오후 되십시오.

잠시 뒤 교감 선생님께서 연구실로 들어왔다. 교감 선생님의 눈빛은 나한테 그 엄마에 대한 전화 얘기를 하려는 것 같은데, 나야말로 속상하고 짜증이 난다. 나도 모르게 미간이 찌푸려지고 이런 말이 나간다.

"교감 선생님, 저 지금 별로 말씀 나누고 싶지 않습니다. 그냥 가시죠."

교감 선생님 입장에서는 좀 황당했을 것이다. 교무실에 학부모 전화가 두 번이나 오고, 그래도 어찌 해결해보려고 해당 교사를 찾았더니 다른 사람 앞에서 손사래를 치면서 얘기를 거부하다니, 괘씸한 생각도 들었을 것 같다. 그리고 나서 어떤 일이 있었는지는 나도 기억이 잘 안 난다. 기분이 안 좋을 때는 기억이 부정적인 이미지로 남거나 끊겨서 그렇다.

동학년회의를 마치고 찜찜한 마음으로 교무실로 갔다. 교감 선생님에게 아까 연구실에서는 죄송했다고 말씀드리고 앉아서 대화를 이어갔다. 서로 생각은 비슷한 것 같은데 해결 방식에서 차이가 났다. 나는 그 부모와 생각의 차이가 있으니 어쩔 수 없다고 말씀드렸고, 교감 선생님은 그래도 어떻게든 마무리는 지어야 하지 않겠냐고 반문했다. 나는 우선은 시간을 두고 학부모의 입장 표명을 기다려보는 것도 방법이라고 했고, 교감 선생님은 병원이 예약된 급한 상황이었기 때문에 부모 마음을 고려해서 잘 마무리해야 되지 않겠느냐고 말했다. 반대로 나는 이럴 때 사과하면 학부모가 기고만장해지고 도리어 학교가 신뢰를 잃을 수 있으니, 만약 계속 학부모가 말도 안 되는 얘기를 할 때는 관리자가 막아줘야 하는 게 아니냐고 요구했지만, 교감 선생님은 1층에서 아이들을 다시 올려보낸 것은 문제의 소지가 있다는 식으로 얘기했다. 이러니 결국 대화는 파탄이 났고, 졸지에 아이 생활 교육 문제가 교사와 부모와의 갈등으로, 교사와 관리자와의 갈등으로 커졌다. 지면에 담을 수 없는 민감한 언쟁들도 있었다. 마침 날이 우중충해서 장마철 먹구름에 장대비가 내리고 나는 순간 머리가 지끈거릴 정도로 고통스러웠다. 도대체 어디서 뭐가 잘못된 것일까? 그런데 잠시 후 아래와 같은 메시지가 왔다.

선생님 큰일아닌데
무례했던것같아 송구하구요
　　　이가전달을못한것같아서
앞으로 조심시키고
신중하게행동하도록지도할께요
따뜻한아이라 살짝
울컥했나봐요 너그럽게
이해해주시고 사랑으로
대해주시길~
주말건강히잘보내세요

아닙니다. 아이 걱정하는 마음에 어머님 입장에서는 그러실 수도 있지요. 병원 못가셔서 속상하실 것 같아서 저도 죄송스러운 마음이네요. 저는 ▨초 아이들이 좋습니다. 앞으로 혹시 ▨이 만나면 칭찬과 격려 아끼지 않겠습니다. 이해해주시는 메시지 주셔서 감사합니다.

사소한일에 넘신경쓰이게
하고 신중하지못했던것같아서
마음이아프네요 ...
바쁘신업무시간에
시간내주셔서 감사드립니다
죄송합니다.

어머님이나 저나 아이를 향한 마음은 같을 것입니다. 너무 마음 쓰지 않으셨으면 좋겠습니다. 제가 자녀교육법에도 관심이 많고 전교차원의 부모교육 소모임도 오래 했었습니다. 혹시 도움드릴 일 있으면 언제든 문의주세요. 가족과 함께 주말동안 평안하시길 바랍니다

이건 뭐지? 갑자기 파국에서 급 해피엔딩이라니. 퇴근 무렵 교감 선생님께 엘리베이터 건은 잘 해결되었다는 메시지를 보냈다. 답장은 안 왔다. 상황을 보냈는데 답장도 안 오니까 악마의 속삭임이 머릿속을 스쳤다. '내가 힘들었듯이 교감 선생님도 주말 동안 고민 좀 하게 그냥 아무 말도 안 할 걸 그랬나?' 주말이 지나고 월요일 아침에 교장실을 찾아가서 자초지종을 말씀드리고 있는데, 교감 선생님이 들어오시는 묘한 상황이 연출되었다. 다행히 교장 선생님께서 적절히 중재를 해주셨다. 나도 죄송하다고 말씀드렸고, 교감 선생님도 미안하다며 손을 내민다. 이렇게 금요일 오후부터 있었던 얘기들이 월요일 오전에야 어느 정도 마무리가 되었다.

지금도 그때의 감정이 약간 올라오기도 하지만, 그리 불편하진 않았다. 서로 부대낄 수밖에 없는 지점들이 있음을 알게 될 때 내 마음도 상대방 마음도 우리의 대화 흐름도 보인다. 새학교 적응 기간, 교사에겐 참 가혹한 3월, 처음 대하는 관계, 전화 통화라는 한계, 교사와 부모 사이에서 아이의 줄타기로 인한 정보의 차이, 생각의 차이, 교무실 민원, 초두 효과, 입장 차이, 학부모 상담의 부정적인 기억, 남들이 있는 곳에서 하는 민감한 둘만의 대화(교무실, 연구실), 과거 경험의 차이, 지식의 차이, 가치관 충돌, 욕구의 좌절 등등.

이 일이 있은 후 2달 뒤에는 우리 반 아이가 예민해하고 선생님을 무서워한다는 부모님 전화를 받았다. 생각보다 아이가 예민하지 않으며 난 무서운 사람이 아니라고 얘기했지만, 이 또한 입장 차이는 커지고 불편한 감정만 드러났다. 그런데 이번에는 거꾸로 다음 날 부모가 아이에 대한 부모의 걱정과 담임 교사가 자녀를 좀 더 이해해주길 바라는 마음, 부모로서의 노력 다짐, 사과의 표현과 앞으로의 기대를 담아 메시지를 주었다. 나도 그에 호응하는 메시지를 보내서 어느 정도 관계가 봉합되었다. 이후 아무래도 그 아이를 대할 때 좀 더 이해하는 마음으로 바라보게 되었고 이후 아이는 학교생활을 잘하고 있다.

나의 기본적인 상담 스타일은 경청과 공감, 신뢰를 바탕으로 한 정보 교류에 있다. 기존 방식과 다르게 위의 사례에서는 조금씩 직면을 시도했지만, 불편함만 커지고 대화가 계속 어긋났다. 뒤늦게 상대방을 좀 더 이해하는 자세로 바꾸려고 했지만 흐름을 바꾸기는 쉽지 않았다. 겨우겨우 서로의 차이를 더 확인하는 과정에서 다름보다는 공유의 지점을, 협력의 가능성을 탐색하면서 대화의 돌파구를 찾으려고 했지만 역시 힘들었다.

녹음된 부모와의 통화를 여러 번 들어보니, 상호성을 고려할 때 대화의 50퍼센트는 나의 몫이란 생각이 든다. 아니 일반 부모보다는 교육 전문가인 교사의 책임이 적어도 51퍼센트 이상 된다. 교사가 부모의 말을 주의 깊게 경청하고, 부모 마음을 충분히 공감하고 나서 부모의 마음에 비로소 여유가 생길 때 필요한 정보를 공유하면서 적절한 솔루션을 권유할 때 상담의 목적에 도달할 가능성이 높다.

앞에서 다룬 두 가지 상담 사례는 옳고 그름에 대한 얘기는 아니다. 갈수록 소통 자체가 쉽지 않다. 입장 차이를 부각시키기보다는 부모 입장에서는 충분히 그럴 수 있겠다고 부모의 의견을 존중하고 걱정스러운 마음을 공감해줄 때 대화가 부드럽게 이어진다. 좀 더 얘기하면 상담 이전에 교사와 부모의 관계에서 신뢰를 형성하기 위한 소통 장치를 어떻게 마련하고 활용했느냐가 갈수록 힘들어지는 학부모 상담의 실마리가 될 것이다. 비록 학부모와 직접 상담하지 않아도 아이들과의 수업과 생활 교육, 평소 부모와의 짧은 소통의 장면에서 이미 교사와 학부모의 상담은 진행되고 있으니까.

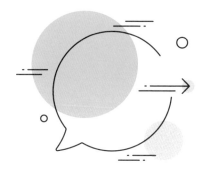

손자를 양육하는
할머니와의 상담

예전에 학부모들이 수원시 5대 기피 학교라며 수군거리던 학교에서 인성부장으로 7년을 근무하고 2017년 기준 학교 폭력 사안 발생 건수가 화성시에서 가장 많았던 학교에서 2년째 학폭 책임 교사를 맡고 있다.

인성부장이라는 직책과 학교 폭력의 특성상 담임이 아니어도 학생 선도 문제나 학교 폭력 문제로 다양한 학부모들을 만날 기회가 생겼고, 여러 할머니들도 만나게 되었다. 물론 교사가 근무하는 학교의 학구 특성에 따라 부모 외에는 상담을 거의 하지 않는 경우도 많을 것이다. 하지만 학생 문제로 할머니 상담을 경험한 분들이라면 부모들과는 뭔가 다르다는 것을 느끼게 된다.

선생님들과 어떤 방식으로 할머니 상담에 대한 이야기를 나눌까 고민하다가 개인적으로 경험한, 기억에 남는 할머니들과의 상담 경험을 나누는 것이 좋겠다는 생각이 들었다. 할머니 상담이라고 해서 딱히 이렇게 하면 된다거나, 할머니들은 문제가 많으니 이러이러한 부분을 조심하라는 얘기를 하고 싶진 않다. 부모들와 마찬가지로 할머니들 성격도 다양하고, 각자 놓인 상황이 달라서, 몇 가지로 그분들을 특징짓는다는 것은 인간에 대한 편견을 강화시킬 수도 있기 때문이다. 그저 할머니, 우리 아이들을 맡아 키우는 할머니들에 대한 얘기를 하고 싶었다.

가정환경이 안정된 학구에 있는 학교에서 학생들을 가르칠 때는 할머니를 만난 적이 없었다. 2년간 근무했는데 아무리 생각해봐도 기억이 나질 않는다. 가정학습 환경조사서에 한 부모님만 적혀 있는 경우를 보기도 드물었으니 말이다. 그런데 수원으로 오기 전, 늦깎이 첫 발령으로 포천에서 근무할 무렵에는 할머니와 상담했던 기억이 몇 가지 있다.

경력 2년차에 3학년 여자아이를 가르쳤는데, 자기 집에는 엄마는 없고, 할머니와 이모 두 명이 있다는 얘기를 했다. 엄마는 주말마다 오고 세 자매는 이모와 할머니하고만 살고 있단다. '결혼 안 한 이모가 있다고? 그런데 왜 부모는 집에 안 계시지?' 짧은 경력에 아무리 생각해봐도 머릿속에 뭔가 그려지지 않았다.

아이 어머니에게 전화를 드려서 조심스레 물으니 그 '이모'는 진짜 이모가 아니라 이모할머니였다. 어머니가 사정상 자녀 셋을 애들 할머니에게 맡겼고, 애들은 '이모할머니'를 자기 엄마가 '이모'라고 부르니까 이모인 줄 알고 있었다.

어머니와 상담 후 병설유치원으로 동생을 데리러 온 아이 할머니를 만날 기회가 있었다. 노년에 동생과 편하게 노후를 보내려고 했지만, 딸이 사정을 해서 몇 년 동안만 손녀들을 맡아주기로 했단다. 여자애들이라 말은 잘 듣는데 셋이나 되니 신경 쓰이는 게 많고 힘에 부친다고 하소연했던 기억이 난다.

할아버지와 사는 1학년 남자아이도 있었다. 아버지가 있었지만 같이 살지는 않았다. 할아버지만 몇 번 봤을 뿐이다. 토요 휴업일에 문화탐방 체험학습으로 철새 탐방을 가는 날에 이 학생도 가겠다고 해서 할아버지께 허락을 받았냐고 묻는데 똥 냄새가 났다. 화장실 가서 확인해보니 속옷에 변을 지렸다. 적당히 닦아주고 아버지에게 먼저 전화를 드렸으나 통화가 안 되어 할아버지에게 연락해서 집으로 보냈던 기억이 난다. 시골이면 매우 낭만적일 거라 생각했는데, 6학급에 업무는 많고, 아이들마다 다들 사연이 있었다. 특히 도시의 부모들이 시골에 맡긴 애들의 경우 부모님과는 시간을 많이 못 보내고 조부모와 보내는 시간이 많으니 애들도 어려움이 있고, 노후에 애들 돌보느라 조부모들도 고생이 많다는 걸 알게 되었다.

리얼 버라이어티한 학구에서 만난 할머니들

▨ 수원의 안정된 학구에서 2년 동안 있다 보니 매너리즘이 왔다. 마침 같은 학교 교사와 결혼해서 학교를 옮겨야 하는 상황이 생겼다. 교사들의 도움이 좀 더 필요한 학교를 찾던 중 친한 교사가 편안한 학구의 초등학교를 떠나 '혁신학교 아니면서 혁신학교를 꿈꾸며' ○○초등학교에 근무한다는 사실을 알고 감동받아 나도 ○○초로 내신을 써서 근무하게 되었다.

○○초 근무 첫해, 우리 반은 아니었지만, 전직 조폭 아버지부터 정말 다양한 학부모들을 만났다. 3월 말쯤 되었을까? 당시 매주 있던 교무회의 시간에 갑자기 행정 실무사님이 나를 찾았다. 5학년 학부모가 와서 학교 폭력 관련 민원을 제기했다는 것이다. 그러고 보니 그 반 담임 교사가 회의 시간에 보이지 않았던 게 생각났다. 급하게 교실로 가보니 담임 교사와 70대쯤으로 보이는 할머니, 50대로 보이

는 아주머니가 마주 앉아 있었다. 학생이 얼마나 피해를 입었기에 서로 닮지 않은 두 분이 오셨나 싶었더니 반전이 있었다. 피해자 쪽이 아니라 소위 가해자 쪽 학생 할머니였다. 뭔가 억울한 게 있는 듯해서 얘기를 들어봤는데, 아무리 얘기를 해봐도 무엇 때문에 오셨는지 알 수가 없었다. 알고 보니 손녀가 학교 폭력 가해 학생으로 낙인이 찍혀서 올해는 물론이고 다음 해 담임 교사까지 나쁘게 볼까 염려했던 것이다. 그래서 그 일은 학교폭력대책위원회의 정식 절차로 가지도 않았고, 담임 선생님이 지혜롭게 대처해서 아이들이 잘 화해하고 지내기로 했으니 걱정 안 하셔도 된다고 말씀드렸다. 그랬더니 '정말 6학년이 되어도 선생님이 우리 애를 나쁘게 보지 않느냐'고 재차 확인을 하셨다. 담당자로서 우리 학교에서는 절대 그런 일이 없으며, 앞으로 학교에서도 아이가 친구들과 잘 지낼 수 있도록 좀 더 노력하겠으니 걱정 마시라고 말씀드리자 안심하고 자리에서 일어나셨다.

두 분이 나간 뒤 담임 교사가 했던 말에 의하면 필자가 들어오기 전까지 소리를 지르고 막 따졌다고 한다. 함께 온 분은 누구냐고 물었더니, 동네에서 식당을 운영하시는 분으로 우리 학교 졸업생 학부모이자 예전에 녹색 어머니 회장을 오래 하신 분이란다. 뭔가 연결이 되었다. 할머니 입장에서는 손녀가 잘못은 했지만 걱정이 되니 식당 아주머니에게 얘기했고, 이 아주머니가 상담 자리에 동석했던 모양이었다. 담임 교사는 자기가 여자고 젊다 보니 함부로 대한 것 같다며 속상해했다. 이 말을 듣고 위로의 말을 전하긴 했지만 마음이 개운하지는 않았다.

할머니와는 이렇게 얘기가 끝났지만, 5월 무렵에 이 학생이 포함된 또래 집단 학생들 간의 갈등으로 담임 교사가 문제를 해결하느라 고생했다는 얘기를 전해 들었다. 그런데 10월 무렵 학교폭력대책위원회 정기 회의(정식 사안이 아닌 분기별 정기 회의)에서 한 학부모 위원이 이 학생이 학교 폭력 피해를 입었는데 학교에서 아무런 조치를 취하지 않았다면서 문제를 제기했다. 아무리 생각해봐도 그런 일이 없는데 학부모 위원은 분명히 맞다고 반복해서 언급했다. 담당자로서 당황스러웠고 확인해보고 조치하겠다고 했는데, 알고 보니 5월에 있던 일을 말한 거였다. 이미 담임 교사가 충분히 지도했고 서로 사과하고 마무리된 상태였는데, 얘기가 돌고 돌아서 현재 녹색 어머니회 회장(학폭위 학부모 위원) 귀에까지 들어갔던 것으로 짐작할 뿐이었다.

잦은 민원을 제기하려는 할머니를 만나다

○○초 2년째 되는 해는 상황이 좀 나을 줄 알았다. 그래도 2년차이고 작년에 이어 6학년을 다시 맡으니 나을 거라고 생각했는데 돌이켜 보니 12년의 교직 경력 중 가장 힘든 한해였

다. 이미 5학년 말에 두 학급을 초토화시켜서 담임 교사를 멘붕에 빠트렸던 두 학생이 있었다. 그 옆에는 마치 두 학생의 양날개인 것처럼 동조하는 두 명의 학생이 각 반에 더 있었다. 당시 인성부장을 맡았던 나는 방과 후에 학생들을 개별 상담하고, 담임 선생님들 앞에서 애들과 행동 계약서를 썼다. 이 두 학생에게 동조한 학생들의 부모님도 휴일에 학교에 오시게 해서 지도를 부탁드리기도 했다. 이후 다행히 학급 붕괴 상황은 어느 정도 수습이 되었다.

그런데 학습 분위기를 망치던 두 학생을 누가 맡느냐가 초미의 관심사였다. 당시 나는 내가 맡는다고 애들이 더 잘된다는 보장은 없지만, 적어도 다른 교사들의 고통을 줄여줄 순 있을 것 같아서 둘 다 맡겠노라고 선언했다. 이 두 학생을 맡았고 어려운 점도 많았다. 하지만 힘든 학년은 한두 학생 때문에 힘든 것은 아닌지라, 정말 다양한 학생들의 문제 유형을 경험할 수 있었다. 학년 업무 발표를 하는 날, 몇몇 민원이 심한 학부모들에 대한 정보도 들을 수 있었는데 한 할머니의 민원이 유독 심하다는 얘기를 들었다. 교직 경력이 많은 전 담임 교사가 자세한 설명은 안 했지만, 할머니가 학교를 불신하면서 요구하는 것이 많으니 가급적 상대를 안 하는 게 좋다는 조언도 덧붙였다. 듣고 있으니 은근히 긴장되었다. 담임을 맡은 후 해당 학생의 학습환경조사서를 읽었는데, 아이는 아버지와 조부모님과 같이 살고 있었다. 아이가 키는 둘리에서 나오는 마이콜처럼 컸지만, 수업 시간에 기운이 없어 보이고 조는 일이 많았다. 아직 학기 초라서 그런지 민원은 없없다.

어느 날 오후 미술 시간에 갑자기 비가 왔다. 우산을 안 가져온 애들은 낭패를 보겠다고 생각하던 중 교실 뒤쪽에 있던 한 학생이 할머니가 한 분 오셨다고 했다. 누구신가 했더니 다른 학생이 '성준이(가명) 할머니'라고 한다. 느낌이 우산을 갖다주러 오신 것 같았기에 미술 시간에는 졸지 않고 열심히 그림을 그리던 성준이에게 나가보라고 했다. 아이는 예상대로 우산을 받아 들고 교실로 들어왔다. 다시 교실은 평온을 찾고 애들은 미술 활동에 집중하는데 문득 머릿속에 스치는 것이 있었다.

나는 순간 교실 문을 나서서 계단 쪽으로 향했다. 성준이 할머니가 계단 중간쯤을 내려가고 계셨다. 할머니께 성준이 담임이라고 말씀드리고 잠시 시간이 되시는지 여쭙고 연구실로 가서 이야기를 나눴다. 좀 더 생각이 미쳤다면 차라도 대접했을 텐데 그런 생각까진 못하고, 비가 오는데 오시기 불편하신 점이 많으셨겠다, 성준이가 키가 크고 쌍꺼풀이 잘 어울리고 잘생겼다, 표정이 밝다, 착하고 친구들과 잘 어울린다, 선생님한테도 예의가 바르다며 성준이에 대한 폭풍 칭찬을 했다. 물론 아이의 수업 태도에 대해 하고 싶은 말은 많았지만, 꾹 참고 긍정적인 이야기만 했다. 안도하는 할머니의 얼굴에 편안한 미소가 떠올랐다. 할머니께서 손자를 위해서 많이 애써주셔서 그렇다고 말씀드린 뒤, 이제 담임으로서 저만 열심히 하면 되겠다는 다짐도 말씀드렸다. 불과 5분도 안 되는 대화였지만, 할머니와의 첫 만남은 편안하게 지나갔다. 뭔가 보이지 않는 믿음의 관계가 생긴 듯했다.

이후 할머니에게 전화가 오지 않았지만, 학부모 상담 주간 안내장 나오기 2주 전 미리 전화를 드려서 아이가 집에서 잘 지내는지, 걱정되시는 부분은 없는지 여쭈었다. 할머니는 애가 집에 저녁 6시가 넘어서 들어오고, 핸드폰을 너무 많이 해서 아이 아빠가 애 핸드폰을 몇 번이나 부쉈다고 말해주셨다. 아이의 안전이 걱정되고 저녁을 제시간에 먹이고 싶은 할머니 심정에 대해 충분히 공감한 뒤, 6학년이 저녁 6시쯤 들어오는 것은 그리 늦는 것은 아니니 걱정 안 하셔도 된다고 말하고, 담임으로서 아이한테 적어도 6시까지는 집에 들어가고 부득이하게 늦을 때는 미리 집에 연락을 드릴 수 있도록 교육하겠다고 약속했다. 그리고 핸드폰을 손에서 놓게 하는 것은 쉽지 않은 일이며 많은 가정에서 핸드폰 사용 문제로 어려움을 겪고 있지만, 핸드폰을 부수는 것은 아이에게 큰 상처가 될 수 있다는 점을 인식시켰다. 잘못하면 아버지에 대한 반감이 커지고 오히려 반항심만 키워 더 큰 문제를 일으킬 수 있으니 가급적 대화로 풀어야 한다고 권했다. 할머니가 성준이를 많이 사랑하고 있는 것이 느껴졌기에, 손자를 키우시느라 얼마나 고생이 많으시냐고 위로를 했다. 그랬더니 성준이 아버지의 사업 실패와 그로 인해 아이가 어렸을 때 엄마가 집을 나산 일과 아이가 엄마 얘기를 하면 속상한 마음에 엄마는 너 버리고 갔으니 찾지 말라고 했던 일들이 할머니의 입에서 흘러 나왔다.

할머니 얘길 들으니 마음이 짠했다. 성준이에 대한 연민의 감정이 몰려왔다. 애가 간혹 수업 시간에 엎드려 있는 것이 엄마 사랑을 충분히 받지 못해서 그런 것은 아닐까 하는 생각마저 들었다. 아이를 두고 떠난 어머니 때문에 아이가 또 상처받지 않길 바라는 할머니 마음에 대해서 다시 한번 공감하며 이야기를 좀 더 들어드렸다. 그러고 나서 아이를 위해선 성준이 엄마를 나쁜 사람으로 만들기보다 아이에게 '엄마에게도 우리가 알 수 없는 뭔가 사정이 있을 수 있고, 언젠가 네가 멋진 모습으로 성장해서 엄마를 다시 만날 수 있으면 좋겠다'는 희망을 주는 것이 도움이 될 거라고 말씀드렸다. 다행히 할머니는 내 말을 이해하셨고 앞으로 혹시라도 성준이 엄마 얘기가 나오면 좋게 말하겠다고 약속하셨다.

우연한 한 번의 만남, 그리고 두세 번의 전화가 소통의 전부였다. 그런데 아직도 잊혀지지 않는 것이 있다. 첫 번째 전화 말미에 할머니가 '저는 선생님만 믿어요'라고 말씀하신 부분이다. 정말 믿고 있다는 말씀 속에 손자가 잘되길 바라는 할머니의 마음이 전해졌다. 이후 할머니는 내게 한 번도 뭔가 요구하거나 불만 있다며 전화를 하신 적이 없다. 나도 할머니와의 통화 후 성준이에게 지금 필요한 것은 사랑일 거란 생각에 가급적 편하게 대해주면서 칭찬을 찾아서 해줬다. 아이가 많이 달라지거나 공부를 열심히 한 것은 아니지만, 6학년 생활을 비교적 무난하게 마쳤다. 그리고 우연히 3년 전쯤 버스를 타고 수원역에서 내렸는데 성준이에게 메시지가 왔다. 방금 같은 버스를 탔었는데 선생님인지 아닌지 긴가민가해서 메시지를 보냈다는 거였다. 내 연락처를 남겨뒀다는 사실이 무척이나 반가웠다. 바로 통화 버튼을 눌렀다. 휴일에 동아리 악기 연습을 하러 학교에 가던 길이었다고 한다. 할머니 안부를 묻고 기분 좋게 통화를 마쳤다.

손자를 양육하는 조부모를 위해 교사가 할 수 있는 일

　　　　　　　　같은 해에 다른 할머니와 상담했던 일도 오래 기억에 남는다. 아이가 거의 1년 동안 학교 폭력 피해를 입은 사실을 6학년 학기 말에 알았는데, 보복이 두려워 그냥 넘어가길 바라고 계셨다. 늘 상냥하셨고, 교사인 내게 편하게 대해주셔서 평소 고맙게 생각하던 분이었다. 그런 분이 의외로 손자의 안전을 지키는 일에 그냥 덮고 회피해버리는 길을 선택하신 거였다. 내가 아이에게 이 문제에 대해서 말하는 것도 꺼리셨다. 하지만 일이 더 커지면 감당 못 하게 될 거라 생각했다. 비록 인성부장 2년차였지만, 수많은 학교 폭력 사례를 다뤄봤기 때문에 아이를 위해선 이 일을 그냥 넘겨선 안 되고, 걱정하시는 것처럼 추가 피해나 보복이 없도록 하겠다고 약속한 후에야 이 일을 제대로 다룰 수 있었다.

어이가 없었던 것은 소위 가해 학생이 이 학생보다 힘이 세지도 않았는데 계속 휘둘렸다는 사실과, 이 아이 말고도 다른 피해자가 한 명 더 있었다는 점이다. 가해자는 왜 이렇게 다른 아이들을 괴롭혔을까? 이유는 전혀 예상치 못한 것이었다. 괴롭힌 학생이 빠른 2월생이라 7~8년 전에 같은 유치원에 다닐 때 1년 위의 반에 있었는데 어떻게 하다가 같은 해에 초등학교에 입학하게 되면서 형이라고 부를 것을 강요하며 은근히 무리한 요구를 했고 그것을 아이가 거절 못 하고 끌려 다녔던 것이다. 2월 초였던지라 남은 시간이 많지는 않았지만 잘 마무리했다. 아이가 중학교에 올라간 후 3월 말쯤 잘 지내는지 할머니께 전화를 드렸더니 애가 당당해지고 지금은 상대 학생을 무시하는 수준이라고 전해주셨다.

저학년 아이의 할머니 한 분도 기억난다. 아이 말만 듣고 수업 중에 불쑥 찾아와 담임 선생님에게 언성을 높이거나 아이가 쉬는 시간에 울면서 할머니에게 전화를 하면, 바로 학교로 전화해서 따지는 패턴이 반복되었다. 정년을 몇 년 안 남긴 그 아이 담임 선생님이 너무 힘들어서 개입하게 되었다. 이 할머니와의 문제는 세 번의 전화 통화로 해결되었다. 맞벌이하는 자식들 때문에 손자를 돌봐야 하는 할머니의 마음을 공감하고, 어떻게 해야 할머니가 번거롭게 학교에 전화하거나 찾아오지 않고 편하게 지낼 수 있는지 그 방법에 대해서도 알려드렸다. 나중에 같은 학구 주민들에게 이 할머니가 손자에게 그리 신경을 많이 쓰지는 않는다는 의외의 얘기를 들었다. 아이도 내게 비슷한 얘기를 했다. 관련 정보를 연결해보니 할머니가 손자 일에 크게 신경을 쓰는 건 아니지만, 할머니도 아이를 키우기가 힘에 부친 상황에서 손자까지 학교에서 힘들다고 하니 그 순간 악성 민원인으로 돌변해서 담임 교사에게 공격적으로 나온 것 같았다. 그러나 이 역시 부족한 정보에 기인한 나의 추측일 뿐이었다. 분명한 것은 할머니가 많이 힘들어하고 있으며, 손자가 잘되기를 바라는 것은 여느 할머니와 똑같다는 점이었다.

최근에는 문화적 차이가 있는 다문화 학생의 할머니들도 계시고, 정상적인 민원이라고 보기 힘들 정도로 교사에게 함부로 대하고 형법에 저촉될 정도의 말과 행동을 하는 할머니도 등장하고 있다. 분명 교사에게도 매우 부담스럽고 쉽지 않은 상담인 것은 분명하다. 그동안 수많은 할머니들을 만났다. 이분들은 본인들의 삶도 감당하기 힘든 상황에서, 원하지는 않았지만 어쩔 수 없이 자손들을 돌보는 상황이었다. 그래도 손녀 손자를 사랑하는 마음에 나름대로 최선을 다하고 있는 것은 분명했다. 일반 학교도 그렇듯이 아버지보다는 어머니, 할아버지보다는 할머니들의 양육 시간과 노력이 더 큰 것이 사실이다. 원래 아이의 양육자가 아님에도 양육자가 된 할머니들을 위해 우리 교사가 할 수 있는 일은 무엇일까? 생각보다 교사가 할 수 있는 일은 많지 않다. 그러나 적어도 다음과 같은 한마디는 건넬 수 있을 것이다.

"할머니, 얼마나 고생이 많으세요. 할머니가 우리 ○○를 위해 애써주셔서 너무 감사해요. 저도 ○○가 잘 성장할 수 있도록 더욱 노력할게요. 할머니 힘내세요. 저도 열심히 돕겠습니다."

이와 비슷한 말들을 마음을 담아 전한다면, 양육에 지친 할머니들이 손자를 위한다며 교사를 타겟 삼아 잘못된 방법으로 괴롭히는 일은 거의 사라질 것이다.

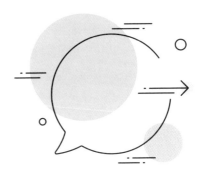

교육 이전에 사랑,
함께하는 부모 교육

부모 교육의 핵심은 부부가 부모가 아닌 남녀로 친밀하게 사랑하고 자녀가 부모로부터 사랑받고 있음을 느끼게 하고, 부부의 자녀 교육관이 너무 다르지 않게 키우는 것이다. 너무 무관심하지도, 과도하게 간섭하지도 않으면 된다. 적절한 무관심을 유지한 채, 부모는 자기 인생을 행복하게 살고, 자기 일을 즐겁게 하는 모습을 보여주면 된다.

교육의 5단계로 부모 교육을 풀어보면 다음과 같다.

1. 받기 : 아이는 부모로부터 충분한 관심과 사랑을 받았는가?

2. 보기 : 아이는 부모의 모범적인 모습을 보았는가?

3. 배우기 : 가정과 학교에서 가치 있는 것을 배웠는가?

4. 익히기 : 아이는 배운 것을 얼마나 스스로 익혔는가?

5. 주기 : 아이는 (받고 보고 배우고 익힌 것을) 누구에게 얼마나 주었는가?

아이가 주려면 익혀야 하고, 익히려면 배워야 하고, 배우기 전에 봐야 하고, 보기 전에 받아야 한다. 위의 과정은 가치 있는 것을 교육할 때의 얘기다. 반대로 받지 말아야 할 것을 받고 보고 배우고 익혀서 남에게 줄 때 어떤 일이 생길지는 뻔하다. 전자는 교육이고 후자는 반교육이다. 핵심은 교육의 영향력을 높이고 반교육의 영향력을 줄이는 것이다.

특히 부모가 아이에게 할 수 있는 것은 주로 '받기'와 '보기' 단계이다. 그래야 가정에서 받은 것과 본 것을 바탕으로 학교에서 배우기와 익히기가 되고, 가정과 학교에서 배운 것을 남에게 줄 수 있다. 학교에서는 아이의 배우기와 익히기를 도울 수 있다.

가정의 역할이 학교 교육의 토대가 된다. 가정이 살아날 수 있도록 국가와 기업, 지자체와 시민단체의 노력이 필요하다. 아울러 학교도 어느 정도 가정이 바로 설 수 있도록 어떻게 도울지 고민해야 한다. 나는 그 실마리가 학부모회를 통한 부모 역할 세우기라고 생각한다.

부모 교육 모임을 통해 부모를 위한 공감과 위로의 시간을 가진 적이 있었는데, 그날의 하이라이트는 엄마들이 가슴에 손을 얹어 자신을 위로하고, 어깨를 토닥이며 격려하는 시간이었다.

"나도 나의 부모님께 받은 게 별로 없는데, 아이한테 나눠주려고 하니 고생이 많다. 그래도 노력하느라 수고 많았어. 지금까지 이 정도면 잘한 거야."

어머니들도 따라 하면서 웃음도 짓고, 위로받는 것 같았다. 부모 교육이 그렇다. 부모에게 '이러이러한 행동을 하세요'라는 말보다 "지금 상황은 이러이러한 상황이고요, 너무 걱정하지 않으셔도 돼요", "부모님 먼저 힘을 얻으시고 할 수 있는 만큼만 하세요. 제가 옆에서 도와드릴게요" 같은 말이 더 효과적이다. 이런 말만으로도 부모들의 불안이 줄어들고 아이를 대하는 태도 역시 점차 좋아지기 때문이다.

형제 나눔으로 자녀와 소통할 때

먼저 둘째 앞에서 첫째를 혼내지 마라. 둘째가 첫째를 우습게 알고 덤빈다. 이에 첫째는 깝죽대는 둘째를 때린다. 그러면 둘째는 맞은 것이 억울하다며 부모에게 형을 이른다. 이에 형은 또 혼나고 동생은 부모의 관심을 받는 동시에 형의 권위를 무너뜨릴 수 있다. 동생 입장에서는 일거양득이다.

반대로 첫째 앞에서 둘째를 예뻐해선 안 된다. 첫째 앞에서 둘째를 예뻐하면, 첫째는 질투를 느끼고 자신의 서열을 지키기 위해 동생을 괴롭힌다. 네가 아무리 잘해봤자 첫째인 나를 넘어설 수 없다는 걸 확인시키기 위함이다. 이후 레퍼토리는 위와 비슷하다.

이런 상황이 계속되면 첫째는 열등감을 느끼고 자신의 잠재력을 서열 지키기에 소모하고, 동생은 뒤집을 수 없는 서열 파괴에 에너지를 소모한다. 형은 부모를 불신하고 부모로부터 좋은 영향을 받지 못하는 반면, 동생은 꼼수만 배운다. 사회에 나가서도 악영향은 계속된다. 동생에게도 인정받지 못하는 첫째가 사회에서 리더 구실을 제대로 할 리 없고, 윗사람을 만만하게 보는 동생이 조직에 적응을 잘할리 없다.

따로 할 얘기는 따로 하자. 형제간 서열은 분명히 해야 한다.

동생을 괴롭히는 첫째에게 아버지들이 흔히 하는 실수가 있다. 바로 형에게 '너도 한번 당해봐라' 하고 힘으로 억누르는 것이다. 형이 동생을 괴롭히는 것이 단순한 심술인지 아니면 부모가 조장해서 생긴 건 아닌지 찬찬히 생각해봐야 한다.

형제 사이의 다툼 해결법

"내가 맞잖아." "네가 틀렸잖아."

저학년의 경우 자기중심적이라 이런 모습을 보일 수도 있지만, 그

횟수가 잦고 옳고 그름에 대해 옥신각신 계속 대화가 이어진다면, 그 건 아이의 문제가 아니다. 부모가 옳고 그름을 지나치게 따지는 유형이라서 그것이 아이를 교육할 때도 적용되어 그렇다. 부모의 소통 유형이 아이에게 복제된 것이다.

특히 둘째들, 그중에서도 셋 중에 끼인 둘째들이 이런 성향을 보이는 경우가 많다. 둘째는 늘 뒤집을 수 없는 생물학적 순서를 뒤엎는 뭔가를 시도하려고 한다. 성경의 야곱이 그랬고, 혁명을 주도한 인물들 중에 첫째가 드문 것은 우연이 아니다.

그렇다면 해답은 간단하다. 전자의 경우 부모의 가치관을 탐색해서 아이의 학교생활을 객관적으로 조심스레 알려준다. 부모의 가치관으로 인해 아이에게 발생하는 긍정적인 영향과 부정적인 영향을 얘기하고 어떻게 하면 좋을지 서로 의견을 나눈다.

후자의 경우 부모 교육이 필요하다. 애 둘 키우는 게 쉬운 일이 아니다. 애들은 끊임없이 싸운다. 셋을 키우는 부모라면 더더욱 그렇다. 〈선녀와 나무꾼〉 이야기에서 선녀가 애 셋이면 하늘로 못 올라간다는 설정이 괜히 나온 게 아니다. 자녀가 여럿인 경우, 양육 스트레스가 크니 주로 체제에 순응하지 못하는 둘째가 표적이 되는 경우가 많다.

첫째는 둘째와 셋째를 누르면 되고, 막내는 눈치를 보면서 둘째와 첫째를 지켜보면 된다. 둘째는 셋째는 누르고, 첫째와는 투쟁한다. 그러면 보통 첫째와 셋째가 연합하고 둘째는 고립된다. 딸, 아들, 딸의

순서로 출생한 경우라면 더더욱 그렇다. 둘째는 억울한 게 많고, 그래서 더 우기고 고집이 세진다. 임기응변도 능해서 말도 줄줄 나온다. 혼날 일이 점점 많아진다. 예전에 과외를 했던 경험을 돌이켜 생각해보면 둘째인 아이들을 대하는 게 힘들었던 기억이 있다. 첫째 애들은 과제를 안 해도 변명을 잘 안 하는데, 둘째들은 계속 변명이다. 물어볼수록 계속 변명으로 일관해서 듣는 사람이 짜증이 몰려오는 경우가 많았다. 그런데 이렇게 변명만 할수록 관계가 나빠지게 되어 학부모나 교사가 긍정적인 영향을 미칠 수가 없다.

고로 둘째에게는 굳이 길게 물을 필요가 없다. 짧게 대화하되, 마음만은 공감하고 행동을 이끌어줘라. 때로는 공감만 해주고 대화를 멈추는 것도 좋다. 나중에 기분이 좋아졌을 때 행동을 이끌어주면 된다. "어떻게 하면 네가 원하는 ~을 할 수 있을까?" 하는 방식으로 문제를 해결할 수 있는 방법을 찾도록 도와준다. 이 분야에는 현실 치료의 WEDP(원무지계)가 제격이다. 물론 원무지계도 어느 정도 훈련이 되어야 잘 통한다. 아이의 말을 들어주지 말란 얘기가 아니다. 둘째의 변명을 어느 정도는 들어주어야 한다. 그게 경청이다. 그러나 어른들이 계속 추궁하는 식으로 해서 변명을 양산하는 것은 에너지 낭비다.

늘 그렇듯이 아이들에 대한 분석이나 부모에 대한 분석은 어디까지나 가설일 뿐이다. 학부모와 신뢰를 쌓아가고, 아이를 있는 그대로 관찰하고, 교사가 아이와 좋은 관계를 유지하면서 필자가 제시한 대로 한번 탐색을 해보라고 권하고 싶다.

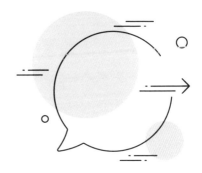

학부모와의 신뢰 형성을
결정하는 3월

　학기 초 학부모와의 신뢰 형성은 매우 중요하다. 신뢰가 형성되면 필요한 정보를 교류하고 어떻게 아이를 도울 수 있을지 함께 고민하며 아이의 성장을 도울 수 있다. 물론 학부모와의 신뢰 형성은 학기 초 아이가 집에 가서 어떤 얘기를 하느냐에 따라 좌우된다.

　새 학기 첫날 아이들을 환영하는 분위기, 따스한 말 한마디와 눈맞춤, 아이들과 함께 학급 목표 세우기('우리가 원하는 우리 반' 같은 학급 목표), 서로 친해질 수 있는 놀이 등을 하면 아이들이 집에 가서 우리 선생님은 좋은 선생님이라고 얘기하고, 학부모도 비로소 마음을 놓는다. 3월 안에 네다섯 명씩 아이들과 점심시간이나 방과 후에 집단 상담을 해도 좋다. 요즘 학교생활에서 좋은 것, 아쉬운 것, 선생님께 바라는 것 등에 대해 이야기를 나누다 보면 분위기가 따스해지고 아이들도 어려움이 있을 때 교사를 직접 찾아오는 데 부담을 덜 수 있다. 이때 자기 생각과 느낌을 잘 표현하기 힘들어하는 아이는 교실에서 좀 더 눈여겨보고, 나중에 따로 개별적으로 상담할 수 있다. 느낌 카드를 가지고 요즘 느낌이 어떤지, 왜 그런 느낌이 드는지 카드를 고르고, 어떤 느낌을 느끼고 싶은지 살펴보면서 아이의 생각과 욕구를 읽고 아이가 원하는 것을 얻을 수 있도록 교사가 도와주고 응원하는 것이 좋다.

가정환경 조사서라는 문구 대신 '선생님께 알려드리는 우리 이야기'라는 제목의 유인물을 가정으로 보낸다. 그 안에는 사생활 침해가될 부분은 최대한 줄이고, 아이가 가정에서 어떻게 생활하고, 부모님이 아이가 어떻게 성장하기를 바라는지, 양육 과정 중에 어려움은 없는지, 담임이 학생을 교육하는 데 알아두면 좋을 정보들을 기록하게한다. 교사는 수합된 유인물을 통해 아이가 가정에서 어떻게 생활하는지 정보를 얻고, 부모의 양육 태도와 교육관을 가늠할 수 있게 된다.

이것을 바탕으로 교사가 3월 2~3째 주 정도에 하루에 네다섯 명씩 3~5분 정도 간단히 안부 전화를 하면서 학부모가 하고 싶은 말과바람을 듣는다. 이러한 과정은 매우 번거롭고 부담스러울 수 있지만, 학부모가 학교 교육을 신뢰하는 데 큰 도움이 된다. 자녀를 학교에맡긴 부모들은 늘 불안하다. 학교에서 가정으로 알려주는 정보도 부족한데, 그렇다고 교사에게 뭔가 물어보기도 굉장히 망설여진다. 이런 상황에서 먼저 교사가 성의를 보이면 처음엔 교사와 마찬가지로 부모도 긴장하고 당황하지만 이내 마음을 열고 편안하게 대화할 수 있다. 물론 가정으로 전화하기 전에 안부 인사를 하겠다고 미리 알림장이나 문자 메시지로 알린다.

이보다 이전에 할 수 있는 일이 있다. 바로 3월 첫 주에 학부모들에게 편지를 쓰는 일이다. 담임 교사가 교사가 된 이유와 교직에 있으면서 느끼는 보람, 새 학년 아이들을 만나게 된 기쁨, 간단한 학급 운영 방향, 부모님께 하는 약간의 부탁의 말을 넣어서 가정으로 보낸다. 인터넷에 있는 양식을 복사해서 붙여서 만들기보다 직접 작성하는 것이 더 좋다. 부모에게 각종 확인서와 동의서의 기한 엄수, 가정에서의 학습 지도와 과제 확인을 강조하는 글을 보내기에 앞서 아이들과 부모에 대한 교사의 마음을 글로 담아내면 부모에게 교사의 진심이 전해지고, 학급 운영에 협력을 얻을 수 있는 좋은 기회로 만들 수 있다.

결국 학생 상담이든 학부모 상담이든 교사의 마음을 어떻게 전하고 그들의 말을 공감하며 경청하고 함께 아이의 성장과 교사의 보람, 부모의 만족을 이끌어내는 데 초점을 맞추는 것이 필요하다. 이런 측면에서 상담 이전에 관계에 주목해야 한다. 신뢰 관계 형성은 교사의 진심과 교육 전 의도를 효과적인 의사 소통 기술로 담아내야 교사-

학생 – 학부모가 합심해서 교육을 이뤄낼 수 있다. 상담 이전에 글과 전화 통화, SNS, 학부모 밴드 등을 활용해서 상담이 주는 부담을 덜어보자. 보다 부드럽게 우리가 교육을 위한 한 팀이요 동반자임을 마음에 심어주자.

3월 중순에 있는 교육과정 설명회를 마치고 교실로 들어올 때 학부모들은 매우 어색하다. 학교에 오기 전부터 어떤 옷을 입고 갈지 신경이 쓰였고, 교실에 들어와서는 어디에 앉을지 걱정이다. 너무 앞에 앉으면 뭔가 시킬 것 같고, 너무 뒤에 앉으면 관심이 적은 사람처럼 보일 것 같다. 《따뜻한 교실 토론》의 저자 이영근 교사는 학부모의 책걸상 배치를 반원 형태로 한다. 이렇게 하면 회복적 서클처럼 따뜻한 분위기가 된다. 모여서 나누는 얘기도 '자녀를 키우면서 가장 행복했던 경험'처럼 편안한 주제로 이야기 문을 열고, 학급 운영에 대한 소개나 궁금한 점을 함께 나누면 좋다. 이런 장치와 구성은 각종 학부모회 구성과 각종 학부모 봉사 담당자 선출로 부산한 교실에 여유를 선사한다.

이제 대망의 1학기 공개 수업과 학부모 상담 주간이 남았다. 학부모 상담 주간이 되기 전에 교사가 할 수 있는 일은 뭘까? 아이의 학습면, 생활면, 교우 관계에 대한 긍정 행동, 부정 행동, 중립 행동을 틈틈이 기록한다. 아이 한 명당 일주일에 서너 줄이면 충분하다. 물론 좀 더 눈에 띄고 관심이 가는 아이는 추가 상담을 하고, 예전에 같은 반이었던 아이들에게서 정보를 얻는다. 개인적으로 3월 한 달이 지나고 수업 시간에 집중하기 어려워하는 아이나 교우 관계에 어려움이 있는 아이는 작년 담임에게 필요한 정보를 얻는다. 물론 이때 주의할 점은 이 아이는 '산만하다', '공격적이다'라는 말을 듣게 되면, 어떤 경우에 집중하기 어려워하는지, 어떤 상황에서 물건을 던지거나 친구를 때리는지, 빈도와 양상은 어떤지도 함께 물어봐야 한다는 것이다. 아울러 작년 담임은 어떻게 아이에게 반응하고 지도했는지, 그 지도에 대한 아이의 반응과 태도 변화는 어떤지 알아본다. 이때 놓치지 말아야 할 것이 있다. 아이가 문제행동을 보이지 않을 때는 언제인지와 아이의 장점은 무엇인가이다. 이러한 장점은 아이가 교사에게 칭찬받고 지지받는 요인이 되고, 장점을 확장하여 문제 행동을 감소하는 데 도움이 된다. 교사가 아이를 균형 있게 바라볼 수 있게 하여 생활 지도의 피로감이나 무력감에 빠지지 않게 한다. 나중에 학부모 상담을 할 때 교사가 모르는 아이의 장점을 자세히 물어보는 것이 좋다. 부정적인 것에만 매달리면 아이도 달라지기보다는 자신을 부정적으로 바라보고, 교사도 문제의 수렁에서 빠져 나오지 못한다.

1학기 학부모 상담은 2학기 상담과 차이가 있다. 1학기에 학부모가 상담하러 오는 이유는 주로 담임 교사가 어떤 사람인지 보려고, 아이에 대한 칭찬을 듣고 싶어서, 내 아이가 잘 지내는지 걱정돼서

다. 따라서 1학기 학부모 상담은 교사가 학부모에게 뭔가 자세히 알려주는 자리이기보다는 교사가 학부모에게 다양한 정보를 얻는 자리이다. 만약 담임 교사가 아이의 수업 태도와 생활면, 교우 관계에 대해서 부정적으로 얘기하면 학부모 입장에서는 불편한 마음에 속으로 교사를 원망할 수도 있다. '아니, 우리 애를 얼마나 봤다고 저렇게 나쁘게 보는 거지?' 이는 교사가 자신의 자녀를 키워 처음으로 1학년 학부모가 되어, 부모로서 자녀의 담임 교사를 만날 때도 똑같이 일어나는 심리적 작용이다. 부족한 부분을 말할 수도 있지만, 가급적 긍정적이고 희망적인 부분을 말한다. 아이를 위해 나름대로 최선을 다하는 부모를 지지하는 것에 초점을 맞추자. 맨손으로 상담하기보다는 아이의 학습 자료와 이미 아이들이 작성한 교우 관계도로 상담하면 좋다.

어떻게 학부모의 신뢰를 얻을지, 어떻게 교사의 진심을 학부모에게 전달할 수 있을지, 어떻게 학부모가 교사를 믿고 필요한 정보를 제공하고, 아이의 학교생활 적응과 균형 있는 성장에 초대해서 동참할 수 있을지 깊이 고민해보고 교사가 할 수 있는 부분부터 차근차근 적용하면 된다. 특히 아이에 대한 정보, 관찰한 것과 상담 기록은 아이의 성장뿐만 아니라 교사도 기록을 통해 성장할 기회가 된다는 것을 잊지 말자.

까다로운 학부모와
평화로운 관계 맺기를 위한
상담 지침서

Part 4
학부모 상담
일문일답

Q/A

Question and Answer

조금 번거로울 수도 있지만, 학부모와의 신뢰 만들기의 과정인 만큼 한번 해볼 만하다. 신뢰가 부족하거나 서로에 대한 교류가 거의 없는 상태에서 학폭 사안이 터지거나 학부모와 특정 문제로 감정 싸움이 되면 문제 해결은 고사하고 그저 소모전이 되기 쉽다. 이렇게 되면 퇴근 후에도 잦은 전화나 메시지를 받게 되는 건 당연지사이다. 학폭 사안을 처리하는 것은 많은 에너지를 소모한다. 학기 초 문자 메시지 보내는 것과 비교할 일이 아니다. 특히 학부모와의 관계에서 갈등을 빚게 되면 해결은 요원해진다. 갈등이 생기기 전 미리 문자를 보내 신뢰 관계를 구축하는 편이 좋다.

작년 3월 말 일요일 오후, 모처럼 가족과 여유롭게 보내고 있는데
2학년 △△이 어머니로부터 전화가 왔다. 같은 반 ○○이가 자꾸 괴
롭혀서 △△이가 울면서 학교 가기 싫다고 했단다. 평소에 잘 지낸다
고 생각한 아이였던지라 좀 당황스러웠다. 우선 어머니 말씀에 공감
하면서 좀 더 얘기를 들어봤다. 미심쩍은 부분이 있기는 했지만, 굳
이 어머니 얘기를 의심하진 않았다. 내일 학교에 가서 아이가 잘 지
낼 수 있도록 잘 보호하며 도와주겠다고 약속을 하고, 아울러 아이에
게도 선생님이 도와줄 테니 걱정 말라고 전해달라고 부탁했다. 다음
날 아이를 불러서 자초지종을 들어본 뒤, 속상한 아이의 마음을 공감
하고 위로해주었다. 우선은 이 아이의 교우 관계와 학부모가 지목한
아이와 어떻게 지내는지 관찰하기로 했다. 한 사흘 정도 관찰해보니
○○이가 이 아이를 약간 건드리거나 뭐라고 하긴 하지만, 큰 다툼없
이 비교적 잘 지냈고 ○○이가 불편하게 하면 서로 싸우지는 않아도
가슴을 내밀고 대꾸하며 △△이도 당당하게 맞서고 있었다.

수요일 오후에 △△의 어머께 상황을 말했는데 어머니의 반응
이 의외였다. 생각했던 것만큼 걱정을 하지 않는 것이다. 오히려 막
내인 △△이가 친구들 사이에서 치일까 걱정했는데 친구들과 잘 어

울리고 ○○이의 도발(?)에도 잘 대응한다고 하니 오히려 아이를 기특하게 생각했다. 한편 ○○이 어머니에게도 전화를 했다. 사실 ○○이는 1학기 때부터 친구에게 기분 나쁜 말을 함부로 하고 노는 것을 방해하고 때리기로 유명한 아이였다. 인성부장으로서 1학년 때도 학년부장의 부탁으로 아이와 잠깐 상담도 했고, 담임 교사의 강력한 권유로 어머니가 부모 교육 소모임에 한 차례 참여했었다. 이런 상황인지라 ○○이 어머니는 양육 자존감이 낮아지고 담임 교사의 번호가 핸드폰 액정에 뜨면 깜짝깜짝 놀라는 상태였다. 이런 어머니에게 '아이에게 문제가 많다'고 말하는 것은 도움이 안 된다. 그래서 아이의 장점(해맑은 미소와 즐겁게 학교에서 놀이하는 부분)을 강조하면서 친구에게 기분 나쁜 말을 해서 부딪히는 경우가 있으니 이 부분을 역할극으로 지도해달라고 정중히 부탁했다. 그리고 비교적 학교생활 잘하고 있으니 너무 걱정은 안 해도 된다고 안심시켰다.

적절한 문자 메시지 활용도 크게 도움이 된다. 학기 초에 미리 안내장을 통해 아이가 아픈 경우 문자 메시지를 보내달라고 전달한다. 만약 아이가 아프다는 문자를 받으면 담임 교사도 "어머님, ○○가 아파서 걱정되시겠어요. ○○이한테 푹 쉬고 건강한 모습으로 내일 보자고 전해주세요. 경황도 없으신데 알려주셔서 감사해요"라고 문자를 보내자. 보통 '아픈 아이에 대한 교사의 걱정하는 마음 + 부모 마음 공감 + 쾌유 기원 + 감사의 말'을 포함시킨 뒤, 적절히 변형해서 보내면, 아픈 자녀를 생각해주는 교사이 마음을 전힐 수 있나.

보통 한 달에 한 번 정도는 아이의 학교생활에 대한 칭찬을 담아 감사 메시지를 보낸다. 부모도 어느 정도 자녀의 부족한 점은 안다. 그러므로 교사가 자녀를 좋게 보고 부모를 지지한다는 메시지만 전해도 부모의 방어벽에 금이 간다. 이렇게 되면 1학기 상담 주간, 혹은 이후 상담 시간에 교사가 꼭 알아야 할 정보를 전해줄 가능성이 높아진다. 결국 교사의 아이에 대한 이해도는 높아지게 되고, 아이를 도울 수 있는 적절한 방법을 파악해서 적용할 수 있다.

03 교사에게 반말하는 학부모, 어떻게 대처할까요?

젊은 사람에게 말을 놓는 것은 분명 인습이지만 쉽게 달라지긴 어렵다. 다만 한 학급의 책임자요, 학습 전문가인 교사는 존중받아야 하며, 이에 대한 분명한 의사 표시는 필요하다.

반말을 하는 학부모에게는 "어머님, 방금 제게 반말을 하신 것 같은데, 맞나요?" "어머님께서 저를 편하게 생각해주시는 것은 감사합니다만, 저는 ○○의 담임 교사로 교육 전문가로서 양육 전문가인 ○○어머님을 뵙는 것이니 존댓말을 사용해주시면 감사하겠습니다." 같은 멘트를 외국어를 연습하듯 여러 번 연습한 뒤 실제로 말하면 된다. 연습한 걸 녹음해서 들어보는 것도 매우 유용한 방법이다.

경력이 짧은 것은 특색 있는 학급 운영과 좋은 수업, 젊음의 열정으로 채우면 된다. 반말을 하는 학부모가 몇 명 있겠지만, 그분들도 나쁜 의도라기보다는 대부분 습관적인 언행일 것이다. 오히려 젊은 교사의 열정을 높게 평가하는 학부모들이 대다수이니 너무 걱정하지 않아도 된다.

반면 나는 잘 모르는데 남들은 알고 있는 나의 약간 어설픈(?) 부분이 있을 수는 있다. 그런 부분은 주변 교사들에게 진지하게 물어보고 조금씩 보완하면 된다. 물론 어설프다는 것의 대안이 '무조건 무섭게 애들을 잡아야 된다'는 것은 아니다. 교사와 학생의 친밀한 관계 속에 원칙 준수와 강약의 조화, 운영의 묘가 요구된다. 저경력 선생님들이 학급 붕괴를 우려하여 지나치게 엄격한 잣대(반성문 열 번, 명심보감 쓰기, 잦은 복도 캠페인)로 학부모와 마찰을 겪는 경우도 있는데, 이 부분에 대해서는 선배 교사의 경험을 듣는 게 도움이 된다.

04 "애도 안 낳아봐서 (애에 대해) 뭘 모르잖아요"

이 말을 들으면 아이가 없는 교사들은 매우 당황스럽다. 마땅히 답이 떠오르지 않는다. 이럴 때는 미리 준비된 답을 한다. "제가 아이가 있었다면 어머님의 심정을 이해할 거라는 말로 들리는데, 맞나요? (잠시 기다림) 그럼 제가 어떤 점을 알아주길 바라시는 건가요?"로 자연스럽게 대화를 이끈다. 또는 "예. 어머님께서 충분히 그렇게 생각하실 수 있어요. 제가 아이가 없으니 어머님 입장을 이해하기 어려운 면이 있지요. 그럼 제가 이 문제에 어떻게 접근하기를 바라시나요?"라고 말을 해서 적어도 학부모의 의견에 동의는 못 하더라도 학부모의 의견을 충분히 경청하겠다는 태도를 보이는 것이 좋다.

05 갑작스레 전화해서
따질 땐 어떻게 대응하나요?

이때는 무조건 경청한다. "어머님, 그게 아니라…"라는 말이나 "아이가 다친 것은 안타깝지만, 아이도 잘못한 부분이 있다"는 말은 금물이다. 어느 정도 학부모의 감정이 가라앉으면 상황에 따라 신속하게 알아보고 조치를 취하겠다고 말한다. 대화를 지속하는 게 너무 힘든 상황이라면 '학부모님이 말씀해주신 부분이 중요한 내용이므로' 학교에 오셔서 면대면으로 이야기를 나누자고 권한다. 교사가 아이의 상태를 걱정하고 있음을 인식시키고, 서운하고 걱정돼서 화나는 학부모의 마음을 충분히 공감해서, 학부모의 마음을 안정시켜야 한다.

06 요구 사항이 많은 학부모는 어떻게 대할까요?

매번 공감하는 것이 중요하다. 아이를 위해 관심을 갖고 세심하게 부탁하는 부모의 바람에 대해 긍정적으로 받아들이자. 그러나 갖가지 요구를 일일이 다 수용할 수는 없다. 그 부분을 찬찬히 말하고, 받아들일 수 있는 부분은 수용하되, 고민과 검토가 필요한 부분은 심사숙고한 뒤, 학년부장에게 조언을 구하겠다고 말하면 된다.

최근 들어 불안한 학부모들이 너무 많이 보인다. "우리 아이는 예민해요. 선생님이 무섭다고 울어요. 학교에 가기 싫고 죽고 싶다고 해요"라고 하는 경우도 있다. 그런데 정작 학교에서 내가 그 아이 혼낸 적도 거의 없고, 오히려 배려를 너무 많이 하는 것 아닌지 반성 아닌 반성도 한다. 아이는 학교생활도 잘하고 친구들과 잘 어울리고 내게 와서 쉽게 말도 건다. 그렇다면 어디까지 부모 마음을 공감해야 할까? 부모는 결국 더 배려해달라는 말이다. 부모가 아이를 상담받게 하든지, 가정에서 그 원인을 깊게 찾든지 해야 하는데 교사에게 특별대우를 해달라고 하니 좀 안쓰럽기도 하다. 그렇다고 이 아이가 상처받지 않도록 솜털 같은 말과 행동으로 대하는 건 아이를 망칠 가능성이 더 높다. 학부모 상담이 점점 더 어려워지는 이유 중 하나는 아이 걱정에 평정심을 잃고 교사에게 무리한 요구를 하는 부모들이 늘어나기 때문이다.

　방과 후에 아이의 수학 문제집을 따로 검사하고, 오답을 지도해줄 것을 요구하는 학부모가 있었다. 순간 무리한 부탁이라고 생각되었고, 교과서 이외 문제집을 따로 풀어줄 수는 없다고 말하고 싶었다. 그런데 그렇게 말하면 학부모와 충돌할 것 같아서 우선은 부모 마음을 공감하면서 아이 정보를 얻을 기회로 삼았다. 아이가 수학 공부를 잘하기를 바라는 학부모의 마음에 공감해주고, 아이가 수학 실력이 어느 정도 되는지, 수학을 좋아하는지, 어떤 부분을 힘들어 하는지, 과외 지도는 얼마나 받았는지 물었다. 그러고 나서 일주일에 한 번 정도는 잘 풀고 있는지 확인하고 도움이 필요한 문제는 풀 수 있도록 지도할 것을 약속했다. 또한 아이가 수학에 대한 흥미를 잃지 않고 기본 실력을 갖추는 게 중요한 만큼 수업 시간에 좀 더 관심을 갖고 지도하고, 문제집보다 익힘책을 충실히 풀 수 있도록 지도하겠다고 말했다. 그렇게 하니 그 이상 뭔가를 요구하지 않고 아이를 잘 부탁한다면서 기분 좋게 전화 통화를 마무리했다.

07 아이의 문제 행동, 어떻게 말하면 좋을까요?

　아이의 문제 행동을 바로 얘기하면 학부모는 교사가 '우리 아이를 나쁘게 볼까' 걱정이 되어 방어적으로 나온다. 문제 행동 이전에 서너 번 긍정적인 칭찬을 하자. 이왕이면 학부모 상담 이전에 교사가 아이에 대해 긍정적인 관심을 보이고 있음을 알리는 게 좋다. 문제 행동을 말해서 기분 좋을 부모는 거의 없다. 가급적 균형 있게 정보를 제공하고, 아이의 장점을 부각시키며 긍정적인 방향으로 아이가 변할 수 있다는 희망을 주는 것이 좋다. 문제는 하루아침에 쉽게 바뀌지 않으며, 부모를 설득하려는 시도는 도리어 교사와 학부모 관계를 악화시킬 수 있다는 점을 잊지 말자.

교사와 학부모는 아이의 성장을 위한 한 팀이다. 모든 학부모의 행동은 아이를 위해 자신이 할 수 있는 최선의 행동임을 교사도 수용해야 한다. 학부모의 심정을 충분히 공감하면서 아이가 어떻게 해야 학교생활에 잘 적응하고 성장해나갈 수 있을지 토대를 마련하고 교사가 학급 전문가로서 학부모와 함께 머리를 맞대는 자세가 중요하다.

08 혼자 아이를 키우는 아버지와의 상담은 어떻게 접근하는 게 좋을까요?

혼자 아이를 키우는 일은 남녀를 불문하고 힘든 일이다. 하지만 아빠 혼자 아이를 키우는 건 상대적으로 더 힘들다. 엄마는 주변에서 육아 정보를 듣기가 쉽다. 하지만 남자들은 모여 있으면 수컷 특유의 견

제 심리가 발동해서인지 서로 인정 낯을 가린다. 그러다가 술 한잔 들어가면 다 형님 동생 하다가 술 취하면 또 싸운다. 남편과 아들 때문에 속 썩이는 아내들이 종종 '큰아들 하나 더 있는 셈 치라'고 하는데 난 이 말이 맞는 말 같다. 아마 내 아내도 어느 정도 동의할 것 같다.

어쨌든 결론적으로 아버지 마음을 안심시켜줘야 한다. 아버지도 자식이 걱정스럽기는 매한가지다. 아버지에게는 학교에서 아이가 잘하는 면에 대해서 칭찬을 많이 하자. '아버님 닮아서 힘이 센가 봐요', '아빠를 닮아서 적극적인가 봐요', '예의 바르게 인사를 참 잘하네요. 아버님 교육 덕분이에요'처럼 잘못한 게 많은 아이라도 아이의 장점을 찾아서 크게 칭찬하고 아버지의 교육 방식 중 너무 거친 것이 있으면 조금씩 고쳐달라고 말하면 된다. 담임으로서 아이가 잘될 수 있도록 최선을 다할 테니 너무 걱정은 말라고 안심시키는 게 교사가 할 일이다. 엄마에게도 마찬가지지만, 조목조목 아이의 잘못을 말해봤자 잘되는 경우는 거의 없다.

만약 교실에서 거의 조폭 수준으로 학급에서 행패를 부리는 아이가 있다면 학폭으로 가거나 학생선도위원회에서 징계를 하는 게 낫다. 물론 이 경우도 앞의 내용을 숙지하고 실천한 다음에 어느 정도 양해를 구해가면서 아이를 위해서는 어쩔 수 없는 선택이라는 것을 인지시키도록 하자.

먼저 그분들의 상황을 이해하고 공감하는 것으로도 충분하다. 애 키우기도 힘에 부치고, 옛날 방식으로만 대해서 양육 방법도 잘 모르는 분들이다. 걱정도 많다. 이분들에게는 교사로서 아이가 잘되도록 최선을 다할 테니 믿고 맡겨달라고 부탁드린다. 이렇게 하고 나서 아이가 집에서 어떤 모습을 보이는지, 양육 방식은 어떤지, 그때 아이의 반응은 어떤지, 그 반응에 어떻게 대응하는지 묻고 조언한다.

조손 가정과 비슷하다. 이분들의 가장 큰 걱정은 선생님이 우리 아이를 나쁘게 보지 않을까 하는 것이다. 그리고 아이가 잘못된 책임이 자신의 이혼 때문이라고 생각한다. '애비 없는 자식, 어미 없는 자식'이란 소리 듣지 않게 하려고 아이를 채근하니까 아이는 부모가 나를 사랑하기보다 미워하고 귀찮아한다고 느끼기 쉽다. 문제는 이분들을 지지할 사람이 없다는 것이다. 학급이나 학교의 괜찮은 학부모님들과 연결해주는 것도 좋다. 교사는 이분들의 마지막 지지자이다. 이분들은 자신의 삶을 살아가기도 힘든 분이다. 한국 사회의 경직된 분위기, 이혼에 대한 따가운 눈초리 때문에, 남들이 나를 어떻게 볼까에 대한 걱정과 자격지심도 높다. 혼자서 아이를 키우느라 애쓰는 부분에 대해 교사는 무조건 응원할 필요가 있다. 설령 아이를 때리고 신경을 덜 쓰는 것 같아도 아이가 잘되기를 바라는 학부모의 마음만은 칭찬하고 지지해줘야 한다. 이분들이 조금이라도 힘을 내고, 아이와 관계가 나아져야 학교에서 아이의 모습도 조금씩 나아질 수 있다.

11 장애 학생의 학부모가 무리한 요구를 합니다

부모들은 모두 자녀에 대한 관심이 많지만, 특히 장애 학생 부모 중에서 자녀에 대한 걱정이 과도한 분들이 있다. 자녀에게 부족한 점이 많고, 이런 부분들은 만회하기 위해선 세심한 관심과 개별적인 지도가 필요하다고 생각하기 때문이다.

우선은 부모의 이러한 마음을 교사가 이해하고 공감할 필요가 있다. 최근 들어 적극적으로 검사를 받고 특수학급에 입급시키는 학부모들도 있지만, 여전히 내 자녀는 그럴 리가 없고 약간 발달이 늦은 편이라고 생각하는 학부모들도 여전히 존재한다. 그만큼 자녀가 특수교육 대상자라는 것은 부모들에게도 매우 당황스럽고 충격적인 일이며, 이것을 객관적으로 받아들이는 것 또한 시간이 필요한 일이다. 그런 면에서 적어도 자녀를 특수교육 대상자로 인정하는 것만으로도 아이에게는 다행스러운 일이다.

다른 아이들도 마찬가지지만, 교사 입장에서 할 수 있는 부분만 도우면 된다. 그러나 역시 부모가 요구하는 것에 대해 무 자르듯이 이건 되고, 저건 안 된다는 식으로 하면 부모 입장에서는 자신의 의견이 받아들여지지 않는다고 생각한다. 우선은 부모의 얘기를 충분히 들어보고 그 부분을 왜 중요하게 생각하는지 들어볼 필요가 있다. 부모의 생각을 부정하기보다는 부모 입장에서 그렇게 생각할 수도 있다고 수용하고 교사 입장에서 가능한 부분은 받아들이고, 우선순위를 고려해서 현실적으로 가능한 방법을 찾아서 도우면 될 것이다. 특히 이런 부분은 장애 학생 교육의 전문가인 특수교사와 충분히 사전에 협의해서 학생에 대한 이해도를 높이고 특수교육과 관련된 중요한 조언을 받으면 보다 전문적인 측면에서 상담이 가능하다. 경우에 따라서 학기 초 개별화지원협의회와 마찬가지로 특수교육 선생님과 같이 상담할 수도 있다.

다른 아이들과 부딪히는 문제에 대해서도 교사가 먼저 어떨 때는 애들과 잘 놀고, 어떨 때는 부딪치는지, 그 원인과 갈등 양상은 어떤지 충분히 살펴보고 아이 입장에서 겪는 어려움은 무엇인지, 친구에게 기대하는 것은 무엇인지, 선생님이 도울 점은 없는지 대화를 나누는 것이 우선이다. 학부모 상담은 학생 상담의 연장선상인 경우가 많다. 때문에 사전에 충분한 관찰과 조사, 학생과의 면담이 효과적인 학부모 상담의 전제이다. 학부모는 자녀에게서 들은 얘기를 바탕으로 아이의 학교생활을 머릿속으로 짐작할 수밖에 없다. 이는 실제 장애 학생의 생활 모습과 다를 수 있다. 부모의 의견을 무조건 부정하기보다는 부모 입장에는 충분히 그렇게 생각할 수 있음을 긍정하고 전체적인 측면에서 학생의 생활 모습을 알리고, 정말 학생에게 필요한 것이 무엇인지 부모와 머리를 맞대고 함께 방법을 찾아보는 것이 좋을 것이다.

12 아이들 싸움이 부모 싸움이 되었어요

요즘 학부모들은 예전 학부모들에 비해 잘 참지 않는다. 아이들 문제에 대해 학부모가 대리전을 펼치고 아이들과 자신들을 동일시하고 사적으로 문제를 풀려고 시도하다 도리어 감정 싸움이 되는 경우라 할 수 있다. 갈등의 골이 깊어지니까 교사에게 별말을 다 하는데, 이것은 어디나 그분들의 욕구가 충족되지 않아서 생기는 푸념일 뿐이다. 내 경우는 비폭력 대화나 회복적 서클을 이용해서 중재를 시도하지만, 훈련이 필요하기에 곧바로 적용하기는 어려운 것이 현실이다.

사실 이 경우 첫단추 문제가 크다. 사안에 따라서 일방적인 폭력이라기보다 다툼에 가깝다면 아이들이 싸웠을 때 구체적으로 어떤 일이 있었는지 적은 뒤에 서로 돌려 읽게 하고 어느 정도 실체적 진실을 규명하고 서로에게 미안한 부분에 대해서 사과를 하게 한다. 그리고 집에 가서 어떻게 부모님께 말씀드릴 것인지 잠깐 연습을 시키고 집에 보내면 좀 낫다. 학기 초에 안내장으로, 또는 학부모총회에서 학부모들에게 다음과 같이 협조를 부탁하는 것도 좋은 방법이다.

"학생 간 다툼이 있을 경우는 학교에 맡겨주시고, 사적으로 서로 연락하시는 것은 자제 부탁드립니다. 정보 부족으로 인해 부모님들이 한쪽 말만 듣고 성급하게 상대편 부모님께 연락을 시도하다가 아이 싸움이 어른 싸움으로 번집니다. 이로 인해 학생들 간 갈등이 커져서 학급 분위기를 해치기도 합니다. 아이들이 갈등을 합리적이고 평화적으로 해결할 수 있는 기회를 주시는 것이 필요합니다. 담임 교사가 아이들 스스로 갈등을 풀어나갈 수 있도록 돕겠습니다."

그리고 어른들 사이에서만 알아야 할 대화를 아이가 함께 듣거나, 어른들 간의 대화를 자녀에게 감정적으로 전달해서 싸움이 번지는 경우도 있다. 어른들은 가급적 아이들이 없는 곳에서 통화하고, 아이들에게는 어른들의 좋은 모습을 보여줘야 한다. 다행인지 불행인지 아이들은 그렇게 다투다가도 이내 잠잠해지는 경우가 많다. 시간이 약이기도 하다. 어쩔 땐 어른들은 심각하게 싸우고 있는데 애들끼리는 다시 잘 지내서 교사나 학부모는 과연 우리가 뭘 한 건가 싶은 경우도 있다.

참 난감한 일이다. 민원 전화니 안 받을 수도 없고. 수업에 방해는 되고, 퇴근 이후까지 마음 편히 쉬지도 못한다. 수업 시간이나 퇴근 시간 이후는 전화를 받지 말자. 그리고 학부모에게 주로 3시에서 4시 30분 사이에 전화해달라고 부탁한다. 그러면 자신은 일이 늦게 끝난다면서 전화할 시간이 없다는 분들이 있을 것이다. 이런 분들 중에는 공무원이 전화도 안 받냐고 따지는 경우도 있다. 이때는 공감 + 한계 제시로 대화하는 게 좋다.

"오후 3시에서 4시 30분 사이에 전화를 하기가 힘드시군요. 전화하기 어려운 상황은 저도 충분히 공감합니다. 그런데 저희도 3시까지는 아이를 맡고 있고 근무 시간 이후에는 가정이 있기 때문에 전화받기가 어렵습니다. 양해 부탁드립니다."

그래도 뭐라 하는 경우엔 잠시 침묵으로 일관할 수고 있고, 계속 짧게 "아, 네…", "많이 힘드신 부분이 있으시네요", 때로는 "죄송합니다"라고 해도 된다. 책임을 지겠다는 사과가 아니라 원하는 대로 못 해주는 것에 대한 도의적인 사과를 하는 것이다. 그래도 안 되면 '나와 생각이 다르구나' 하고 그냥 넘어가면 된다. 때로는 의견이 평행선을 달리는 경우도 있으니까.

그리고 학급이 아닌 업무상 전화는 학교 대표 번호를 통해서만 알려주고, 교무실의 실무사님들께도 수업 중에는 전화 연결을 자제해 달라고 부탁해놓는 게 좋다.

요즘은 녹색어머니회 의무화나 어머니 폴리스 운영, 방과 후 불만 사항이나 복지 혜택 가능 여부에 대한 민원이 증가하고 있다. 어찌 보면 학교 고유의 업무라고 보기 힘든 부분이 많다. 대부분 푸념에 불과한 경우가 많으니 그냥 넘기고 업무 담당자로서 판단을 내리기 어려운 제안이나 건의 사항에 대해서는 의견 제시에 대한 감사의 말을 한 뒤, 전임자 및 관리자들과 상의한 후에 알려주겠다고 하면 된다.

14 전화조차 피하는 학부모 때문에 고민입니다

싸우자고 달려들지 않는 건 다행이지만 이 경우도 난감하긴 마찬가지이다. 그 학부모가 싫은 소리 듣기 싫어서 전화를 피하는 것일 수도 있다. 하지만 그것은 그분의 욕구가 아닐 것이다. 이런 경우, 아이와 좋은 분위기에서 대화를 해보자. 집에서의 생활은 어떤지, 부모님과 대화는 잘되는지, 조심스레 가정 상황은 어떤지 알아볼 필요가 있다.

이렇게 전화를 잘 안 받는 학부모의 경우, 양육 자존감이 낮아졌거나, 살기가 너무 힘들거나, 그동안 학부모 상담을 해도 효과가 없다고 생각하는 경우인 수도 있다. 이린 부모들에게는 역으로 칭찬과 감사 문자를 보내는 것도 좋은 방법이다. 싫은 소리를 듣기 싫은 건 누구나 마찬가지다. 어떻게 해서든 학부모의 협력을 얻어내기 위해 소통하려고 애써야 한다.

15 아이는 소극적인데 학부모는 상담을 자주 신청해요

그런 아이는 따로 체크해두고 평소에 아이에 관해 메모를 해두고 가끔씩 말을 걸어준다. 때로는 아이에게 쪽지나 카톡 메시지를 보내고 답장을 받는다. 말을 잘 안 하는 아이라도 글로는 잘 소통하는 경우가 있기 때문이다. 아이에 대한 정보가 부족하므로 작년에 같은 반이었던 아이에게 물어보자. 학생부를 확인해서 예전 담임 선생님께 알아보는 것도 좋은 방법이다. 전담 시간에는 다른 모습을 보일 수도 있으니 전담 시간 교사에게 확인해보는 것도 방법이다. 그리고 나이스의 생기부의 행동발달사항을 보면 아이가 어떤 모습을 유지하고, 어떤 모습은 변화하고 있는지 알 수 있다. 보통 예전 생기부 내용과 올해 생활 모습이 크게 다르지 않은 경우가 많다. 그래도 아이에 대해 잘 모를 수 있다. 그러면 그것에 대해 부모에게 물어보면 된다. 아이를 잘 이해하고 돕고 싶은데 아이가 온순하고 내성적이니 아이에 대한 정보를 알려주면 좋겠다고 묻는 것이다. 상담할 때 아이가 평소 글쓰기 한 것, 미술 작품, 단원 평가 자료 등을 가지고 얘기하는 것도 좋다. 아이에 대해 관찰하면서 일주일에 두세 번 정도 메모를 해두자. 한 달이면 열 개 이상의 관찰 모습이 모인다. 그걸 통해 아이의 행동 패턴을 알 수도 있다. 그러면서 집에서는 아이가 어떻게 생활하는지 묻는 것도 좋은 방법이다.

그리고 상담을 자주 신청하는 경우, 아이에 대한 학부모의 관심을 칭찬하고 공감해주자. 그리고 주로 어떤 점이 궁금한지 미리 물어보고 2주 뒤에 만나는 것으로 하면 교사도 상담을 준비할 여유가 생긴다.

16 아이에 대해 어디까지 말해야 할까요?

교사가 아이에게 관심을 갖고 있으며, 아이를 긍정적으로 대하며, 잘 성장시키기 위해 애쓴다는 것을 학부모에게 알릴 필요가 있다. 보통 교사가 보기에 수업 중에 산만하게 굴고 친구들과 관계도 좋지 않으면 이미 학부모도 알고 있는 경우가 많다. 우선은 아이의 장점을 찾아보자. 예를 들어 아이가 대부분의 수업에서 산만하지만 간혹 산만하지 않은 수업이 있을 수 있다. 그리고 교우 관계에서도 대부분의 아이들과 갈등을 일으킬 테지만 친한 아이가 있을 것이다. 물론 같은 바이 아닐 수도 있다. 그럼 수업에 대한 아이의 관심을 알 수도 있고, 교우 관계에서 아이의 장점을 찾을 수 있다. 그리고 수업과 교우 관계 외에 아이가 잘하는 것이 무엇인지를 찾아보자. 찾기 힘들다면 잘하지는 못해도 다른 학생들과 비슷한 정도인 것, 혹은 수업 태도나 교우 관계보다 좀 더 나은 부분은 분명 있을 것이다. 그 부분을 찾아서 아이를 보다 전체적으로 균형적으로, 성장으로의 변화 가능성을 갖고 있는 아이로 보려고 애쓴다면 부모도 교사의 진심을 느끼고 아이에 대한 정보, 즉 집에서는 어떤 부분은 잘하고, 어떤 부분은 부족한지 알려줄 것이다.

상담을 권할 때에도 요령이 필요하다. 상담이 필요하다고 강권하면 보통 '정신 이상' 내지는 '문제아로 낙인 찍힘'으로 받아들이기 쉽다. 가급적이면 아이를 좀 더 깊이 있게 이해하고 싶다, 아이의 인지적, 정서적 부분에 대해 좀더 객관적으로 알 수 있어야 아이를 도울 수 있으니 상담을 알아보면 어떨지 제안하는 방식으로 말을 하는 게 좋다. 상담 제안을 잘 받아들이지 않는 경우는 걱정되는 점이나 다른 방법을 제안하고 싶은지 조심스럽게 물어보자. 다음에 다시 말하는 것도 방법이다. 분위기를 봐서 학부모가 마음의 준비가 되었을 때, 상담을 권하는 것이 좋다.

17 내 아이가 최고라고 생각해요

칭찬 위주로 시작해서 중립적인 말로 있는 그대로 말해도 괜찮다. 물론 처음부터 있는 그대로 말할 필요는 없다. 학부모가 받아들이지 않는다면 그것은 그분의 몫이다. 평소에 관찰된 부분에 대해서 알려주는 것만으로도 충분하다. 아이를 수학 영재라고 생각하는 어머니가 있었다. 그래서 교과서에 나오는 심화 문제를 아이들에게 풀어보게 한 이야기를 해주었다. 학생들 중 두 명은 문제를 풀었는데, 해당 아이는 식을 세우는 걸 어려워하고 풀지 못했다고 말했다. 물론 아이가 잘하는 영어에 대해서는 폭풍 칭찬을 해주었다.

18 문제 행동을 어떻게 전달해야 할까요?

아마 교사들이 가장 많이 하는 질문 중 하나일 것이다. 역시 긍정적인 부분으로 대화를 시작하는 것이 좋다. 대화 이전에 약간의 다과도 있으면 더 좋을 것이다. 아이와 있었던 재밌는 에피소드나 따뜻한 이야기를 기억해놨다가 말하면 교사와 학부모가 아이를 위해 함께 애쓴다는 묘한 동질감이 들면서 문제 행동을 얘기하기가 좀 더 수월해진다. 다만 부모들에게는 '선생님이 우리 아이를 나쁘게 보지는 않을까?', '아이가 잘못하는 것을 내 책임으로 몰고 가면 어쩌지?', '우리 아이가 문제가 있다면, 나중에 더 나빠지는 거 아닐까?' 하는 두려움이 있다는 사실을 감안하자. 아이의 부족한 부분에 대해서 교사도 큰 부담을 느끼는 건 마찬가지이다. 평소에 학생 상담과 생활 지도에 대한 책들을 여러 권 읽고 소화해서 학부모에게 적절히 조언하는 것도 필요하다.

19 학부모에게 돌직구를 날려도 될까요?

객관적인 진술이 필요하다. 있는 그대로 상황 중심(앞뒤 맥락을 간단히 포함)으로 알려주면 된다. 여러 번 사건이 모이면 그것이 패턴이 되고 아이의 특성 중 하나로 추정할 수 있다. 또 아이가 집에서는 어떻게 행동하는지도 꼭 물어보자. 집에서도 그렇다고 하면 아이가 집에서나 학교에서 왜 그런 행동을 하는지 함께 고민하고 아이를 도울 수 있는 방법을 찾으면 된다. 만약 집에서는 안 그렇다고 하면, 학부모의 마음을 공감해준 뒤, 학교에서 그런 행동을 하는 이유에 대해 살짝 물어보면서 학부모의 생각을 파악하자. 이때 학부모가 '교사를 비난하는 듯한 뉘앙스'로 말하더라도 굳이 그것을 부인할 필요는 없다. 교사의 생각을 있는 그대로 표현하자.

자기 아이는 그런 아이가 아니라고 자꾸 부정하고 학교를 믿지 않는 학부모도 있다. 아이와 자신을 동일시하는 학부모가 그렇다. 애가 낙인찍힐까 봐 두렵고, 선생님이 우리 애를 나쁘게 보면 아이에게 나쁜 영향을 있을 것 같아 부인한다. 구체적인 정보가 없어서 그럴 수도 있다. 교사와 학부모의 교육관 차이가 커서일 수도 있다. 학부모 입장에서 그렇게 생각할 수 있다는 측면에 대해서는 공감해주고 아이의 장점을 많이 물어본다. 그래도 부모가 계속 부인하는 경우 굳이 아이의 잘못을 들출 필요는 없다.

20 전문 기관 상담을 권유할 방법이 있을까요?

저학년 학생이 문제 행동을 보이는 경우 부모들은 보통 '애들이 다 그렇지 뭐', 혹은 '내 아이가 좀 늦은 것 같다. 좀 늦을 뿐이지 곧 나아질 거야'라고 하면서 대수롭지 않게 생각한다. 그러다가 교사가 객관적인 심리 검사를 권하면 교사의 판단을 부인하거나 때로는 매우 심각하게 생각하는 경우도 있다. 첫애가 저학년이면 부모의 관심도 많고 양육에 대한 불안감도 높기 때문에 다음과 같이 부드럽게 권유하자.

"어머님, 제가 ○○이를 대해보니 체육도 열심히 하고 남에게 피해를 잘 주지는 않아요. 때로는 제게 할 말도 또렷이 잘하고요. 그런데 국어나 수학 시간에 책을 읽을 때 자꾸 연필이나 지우개를 만지작거려요. 처음에는 지루해서 그런 거라고 생각했는데 읽기를 시켜보니 있는 글자를 빼놓고 읽더군요. 그리고 분명 이야기 지를 쳐다보고 있어서 제 말을 집중해서 듣는다고 생각했는데, 제가 두 번 얘기했는 데도 아이는 제가 전달한 내용을 잘 기억하지 못했어요. 저는 ○○이 와 학교 생활을 하는 것이 즐겁고 아이가 잘 성장하도록 돕고 싶어 요. 그런데 제가 ○○이가 읽기와 듣기에서 어려움을 겪을 때 나름 대로 개인지도로 도와주려고 했는데 좀 어렵더군요. ○○이의 인지 적 발달 상태에 대해서 좀 더 객관적으로 알 수 있으면 그에 맞게 아 이를 도울 수 있거든요. 어머님 생각은 어떠세요?(어머님 말씀을 들은 후) 저학년 때는 아이의 변화 가능성이 크기 때문에 조기에 종합적인 심리 검사를 받아보면 아이의 발달에 맞는 도움을 줄 수 있고, 부족 한 부분을 효과적으로 보완하는 방법을 알 수 있습니다. 어머님께서 이러한 점들을 고려해주셨으면 해요."

21 학부모가 작년에는 괜찮았다고만 얘기해요

작년 담임 선생님께서는 아무 말씀 안 하셨다고 하면, '아, 그렇군 요. 다행이네요. (약간의 대화의 여백을 두고) 그럼, 작년에는 안 그랬는 데 올해는 무슨 이유로 다른 모습을 보이는지 혹시 짐작가는 게 있을 까요?'라고 할 수도 있다. 혹은 '아, 작년에는 그런 모습을 안 보인 것 으로 알고 계시는군요. 아이가 성장하면서 계속 변화하기 때문에 올

190
지혜로운 교사는 어떻게 학부모 상담을 하는가?

해 달라질 수도 있답니다'라고 얘기하면 된다.

상담할 때 교사가 힘든 이유는 교사가 상담자인 동시에 아이를 담임하는 교사이기 때문이다. 이를 상담에서는 이중관계라고 한다. 더군다나 학부모 상담의 내담자는 본인 문제보다는 아이 문제를 가지고 온다. 그리고 주로 집 안에서의 모습이 아니라 학교에서의 모습에 대한 문제로 상담을 한다. 학교는 베일에 쌓여 있고, 교사에 대해서는 지극히 제한된 정보만 제공되는 상황이다. 학부모는 주로 아이가 하는 말을 듣고 아이의 생활 모습을 막연히 추측하고 주관적으로 생각하기 쉽다. 이런 상황에서 학부모는 아이에 대한 교사의 의견을 믿지 않으려 하고 도리어 문제의 원인이 교사에게 있다는 뉘앙스로 말하기도 한다.

이는 교사가 학부모 상담을 하기 싫어하는 가장 큰 이유 중 하나이다. 비유로 하자면 아이에게 달린 혹을 알려주고, 어떻게 하며 뗄 수 있을지 함께 고민하고 조언도 하려고 했더니, 혹 자체를 인정을 안 하거나 작년에는 없던 혹이 올해 생겨난 것에 대해 교사의 책임으로 몰고 가는 분위기가 된다는 얘기다.

이렇게 되면 교사도 인간인지라 가슴이 뛰고 평정심을 잃게 되고, 상담을 원활하게 진행하기 힘들어진다. 학부모와 언쟁을 벌이며 갈등하는 경우도 있고, 어쩔 줄 몰라서 변명만 하다가 끝나기도 한다. 아이가 걱정되어 무심코 던진 학부모의 말에 교사가 휩쓸리지 않아야 한다. 학부모가 그나마 솔직하게 자기 생각을 말하면, 평정심을 유지하며 끝까지 경청하는 자세가 필요하다. 상담에서 필요한 것은 아이에 대한 정보와 부모의 양육 방식, 학교 교육에 대한 신뢰를 높이는 기회로 삼는 것, 마지막으로 아이에 대한 정보를 부모에게 가급적 객관적으로 알려주는 것이다. 받아들이고 받아들이지 않고는 부모의 몫이다. 교사를 비난하는 듯한 부모의 말도 결국 '자신의 아이가 잘되기를 바라는 부모의 몸부림' 같은 것이다. 자식의 잘못을 잘 받아들이기 힘들어하는 것이 부모의 본심이다. 마치 옆 반 선생님이 내 반에 와서 '자기는 왜 이리 애들을 못 잡아? 자기 반 애들이 복도에서 너무 뛰네'라는 말을 들었을 때 마치 내가 혼나는 것 같고, 내 교육 방식이나 우리 애들에 대해서 옆 반 교사가 함부로 판단하고 간섭하는 느낌이 드는 것과 마찬가지이다. 어쩌면 학부모 상담의 본질은 학부모의 심정을 역지사지로 충분히 이해할 수 있도록 애쓰는 것일지도 모른다.

22 아이의 문제 행동은 인정하시 않고 남 탓만 해요

'아, 그렇게 생각하시는군요', '그렇게 생각하셨다면 정말 속상하셨을 것 같아요(학부모 말에 대한 동의가 아니라 조건적 공감임)'로 호응할 수 있지만, 이럴 때 교사의 마음은 많이 불편하다. 마치 나를 욕하는 것 같기도 하고 어떻게 반응하면 좋을지 막막해지기 마련이다.

이런 학부모들은 학교에 피해 의식이 많은 이들인 경우가 많다. 이런 이들은 학교 교육을 불신한다. 아이 앞에서도 부정적인 말을 거리낌 없이 해서 아이들도 교사의 권위를 잘 인정하지 않는 경우가 있다. 우선 중요한 것은 학부모의 말을 충분히 들어주는 것이다. 충분히 들어주면 답답하고 억울한 마음이 해소된다. 또한 상담자인 교사가 공감해주면 대화가 좀 더 편해진다. 그러면서 학부모가 정말 중요하게 생각하고 바라는 것(필요, 욕구)을 파악해보자. 그러고 나서 어떻게 하면 그 욕구가 충족될 수 있을지 함께 방법을 찾아본다. 담임 교사에게 바라는 것이 있는지 확인해보자. 그리고 아이를 변화시키기 위해서 학부모가 어떻게 하는 게 좋을지 물어보면서 조금이라도 학부모의 협력을 이끌어내는 게 좋다.

피해 의식이 강한 학부모는 시간이 많이 걸린다. 교사도 사람인지라 대화하다가 지치기도 쉽다. 그러니 큰 기대는 접고 충분한 경청과 공감, 그리고 교사 나름의 대안 몇 가지를 전하며 믿음을 주는 게 좋다. 나중에 선생님마저 비난할 수도 있다. 그러나 걱정은 안 해도 된다. 이런 학부모들은 예전에도 그런 행동을 했고, 올해도 반복하는 경우가 많다. 그러니 더 나빠질 것은 없다. 의외로 달라질 때도 간혹 있으니 연민의 눈으로 학부모를 품기 바란다. 다른 사람들은 다 학부모가 문제라는 걸 알고 있는데 본인만 모르고 있는 것이다. 그러니 교육 전문가인 우리가 의연하게 대처할 수밖에.

보통 문제 행동으로 교사에게 전화를 받은 학부모는 이런 일이 처음이 아닐 것이다. 주변 학부모들의 따가운 시선도 경험하고, 이전 담임 교사와도 비슷한 문제로 전화를 받거나 학교에 불려 왔기 때문에 현재 교사를 만날 때도 과거 교사와의 부정적인 이미지를 선입견으로 가진 채 대한다. 더군다나 그간 자기 나름대로는 열심히 애썼는데 아이는 달라지지 않아서 양육 자존감이 매우 낮은 경우가 많다. 점점 자신보다는 친구 탓, 학교 탓을 한다.

피해 의식이 강한 학부모와 비슷해서 참 쉽지 않다. 전화 상담으로는 한계가 있다. 이런 학부모들은 전화로 이야기하면 추측에 의존하게 되고, 대화만으로는 정보 또한 부족하기 때문에 부정적인 상상만 더하게 된다. 가급적 통화보다는 면대면으로 대화하는 것이 좋다.

상대 아동만 탓할 경우는 어떻게 해야 할까? 우선 학부모의 이야기를 충분히 들어준다. '아…', '네', '그러셨군요', '속상하셨겠어요', '좀 더 얘기를 들을 수 있을까요' 등등 호응을 하면서 충분히 말할 기회를 주는 것이다. 그러면 학부모도 마음이 편안해지고 말할 거리도 떨어진다. 이때 아이를 어떻게 지도했는지, 그리고 그것이 효과가 있었는지를 물어본다. 어떻게 하면 아이가 학교생활을 원활하게 할 수 있을지 함께 고민해보는 것만으로도 충분하다.

24 엄마의 우울증으로 아이가 잘 적응하지 못하는 상황입니다

매우 어려운 경우이다. 이런 경우는 교사가 1년을 버티기만 해도 충분히 자기 역할을 한 것이다. 지금도 충분히 애쓰고 있는 것으로 보인다. 어머니가 환자고 자신을 감당하기 어려운 상황이기 때문에 (치료를 거부하거나, 받았다가 중단하는 경우도 흔함) 가급적 어머니가 아닌, 아이 아버지나 아이의 외할머니 등 주변의 자원을 활용하는 것이 좋다.

차라리 어머니에게는 아이의 긍정적인 부분에 대해서 가끔씩 알려주는 게 훨씬 나은 방법이다. 한번 이렇게 생각해보면 어떨까? 만약 내가 초등학생인데, 내 엄마는 우울증 환자라고 가정해보는 것이다. 엄마는 정신적으로 아픈 사람이고 부정적인 영향이 고스란히 아이에게 전달된다. 과연 이 아이가 학교에서 정상적인 학교생활을 할 수 있을까? 이 아이에게 필요한 것은 교사의 지지와 격려이다. 경우에 따라선 위로하고 마음으로 안아주는 게 필요하다.

학부모들이 담임 교사와의 상담을 통해서 학생의 문제 행동을 듣고 나서 자녀를 적절한 방법으로 훈육하는 경우는 드물다. 아이에게 감정을 폭발하고, 동생 앞에서 형을 혼내고, 각종 협박을 하는 경우가 많다. 교사 앞에서는 자기 아이가 그런 아이가 아니라고 강변하면서 집에 가서는 본인이 자녀를 더 혼내는 경우도 종종 있다. 문제는 그렇게 혼난 아이가 달라지지 않는다는 것이다. 오히려 더 엇나가서는 자신을 이른 교사에게 복수하기 위해 문제 행동을 더 심하게 하거나, 또래 집단을 규합해서 교사를 괴롭히는 경우도 있다. 단호하게 교육하는 것도 필요하지만, 단호함이 감정적 분풀이와 일장연설로 이어지는 것은 문제 행동 감소와 바람직한 행동 증가에 도움이 되지 않는다. 이 때문에 선생님들도 비폭력 대화나 부모 역할 훈련, 긍정의 훈육(PDC), 의사소통 기술(실제적인 상담 연구) 중 한 가지를 배워서 학부모들에게 적절한 조언을 할 필요가 있다. 2~3년 정도 책도 읽고 연수도 받고 동료 교사와 함께 연구하고 적용하면 앞으로 20년, 30년이 편해진다. 덕분에 필자는 전교 학부모를 매년 백 명 이상 상대해도 크게 어렵지는 않다. 상담으로 가능한 부분과 어려운 부분, 판단을 유보하고 기다려야 할 부분을 알기 때문이다. 무엇보다 인간에 대한 이해가 깊어져서 학부모의 마음도 깊이 이해할 수 있게 된다.

상담에 정답은 없다. 교사가 확신을 갖지 못하는 것은 자연스러운 일이다. 문제의 원인은 다양하고, 해결책도 수없이 많다. 무엇보다 인간이 그리 쉽게 바뀌는 존재가 아니다. 그래서 교사와 학부모가 협력하고 단기적인 해결책(외적 보상과 벌)보다는 아이에 대해 깊이 이해하려고 애써야 한다. 이를 위해선 역시 아이를 계속 관찰하고 기록해야 한다. 그러다 보면 행동 패턴을 알 수가 있다. 몇 년 전 가르친 제자의 경우를 예로 들어보겠다. 이 아이가 친구랑 싸우는 경우를 두 가지로 분류해볼 수 있었다. 하나는 평범한 아이를 여러 번 약 올려서 상대 아이가 화가 끝까지 치밀어서 다시 만나자마자 주먹을 휘두르는 경우였고, 또 하나는 자신이 무시당했다고 생각했을 때 싸우는 거였다. 전자의 경우엔 놀림받는 아이를 불러서 친구가 반복적으로 놀릴 때는 싸우지 말고 선생님에게 와서 얘기해달라고 했고, 놀리는 아이와 개인 상담을 해서 친구를 놀리는 것 이외에 재미를 느낄 만한 일을 찾아보라는 과제를 내줬다. 그리고 학부모와 얘기를 했는데, 동생에 대한 편애 때문에 불만이 생겼고 이것이 학교에서의 문제 행동으로 이어지는 것을 알게 되었다. 학부모에게 아이 앞에서 동생을 지나치게 귀여워하거나 동생 앞에서 형을 혼내는 행동을 자제하고, 아버님께서 바쁘시더라도 일주일에 한 번 이상은 충분히 놀아주면서 노는 법을 조금씩 가르쳐달라고 부탁했다.

사회가 급변하고 일자리가 줄어들고 빈부 격차가 심해지면서 이런 부모들이 점점 늘어나고 있는 추세다. 먹고살기 바빠서(엄밀히 말하면 교육보다 당장 가족에게 필요한 의식주 문제를 해결하기가 힘들어서) 아이를 신경 쓸 겨를이 없는 분들이다. 이런 분들은 병원 진료나 기본적인 과제 수행이나 준비물 지원 같은, 아이에 대한 기본적인 케어도 힘겨워한다. 기본적인 케어를 해달라고 부탁을 할 수는 있지만 그마저도 어려운 경우가 있다. 이분들에게는 지지와 격려가 필요하다. 그래도 애를 버리고 도망가지는 않았으니까. 가장 힘든 아이들은 시설에서 학교로 오는 아이들이다. 아예 부모에게 버림받은 아이들에 비하면 형편이 나은 것이라 할 수 있다. 아이에게 칭찬할 거리가 있으면 가끔씩이라도 칭찬과 감사의 말을 담아 문자를 보내자. 그리고 꼭 필요한 준비물이라면 여유 있게 사나흘 전에 미리 문자를 보내면 어떨까 싶다. 그래도 안 되면 하는 수 없다. 병원 진료의 경우 기초수급자나 차상위계층은 거의 치료비가 안 드는 것으로 알고 있다. 때로는 교사가 동네 병원 정도는 데리고 가줘도 아이나 학부모에겐 큰 도움이 될 것이다. 간혹 '고마워할 줄 모르고 받기만 한다'고 말하는 교사들도 있다. 그런데 그만큼 그분들의 삶이 각박하다는 사실을 이해하자.

집에서 방치된 채 생활하는 아이들의 학교 생활이 나아지길 기대하는 건 어려운 일이다. 주변의 아동복지센터가 없는지, 혹시 부모가 집에 없을 때 아이가 어떻게 생활하는지 확인해보고 저학년이면 방과 후 돌봄교실로 안내하는 것도 좋은 방법이다. 이런 아이들일수록 교사가 적절한 관심과 칭찬을 하려고 애써야 한다. 비록 칭찬받을 일도 별로 안 하고 교사를 계속 귀찮게 하는 일을 만드는 아이들이라도 교사가 사랑의 눈으로 바라볼 때, 아이들은 조금씩 자존감을 회복하고 살아갈 힘을 갖게 된다.

27 아이를 당했다며 감사스럽게 전화가 걸려왔습니다

학폭이 의심되는 상황에서 흥분한 부모와 처음 대면할 때 당황하게 되는 건 어쩌면 당연한 일일지도 모른다. 퇴근 후 집에서 쉬고 있는데 전화가 온다. 전화를 받자마자 다짜고짜 "우리 아이가 오늘 얻어맞았다는데, 알고 있느냐?", "아이가 맞는 동안 교사는 도대체 뭘 했냐?", "가만히 있지 않겠다. 교육청에 전화해서 따지겠다" 등등 온갖 비난을 퍼붓는다. 교사로서는 황당할 뿐이다. 하지만 그 어떤 말로 교사를 비난하고 압박해도 학부모의 말을 잘 듣고 있어야 한다.

녹음을 하는 것도 효과적인 방법이다. 그래야 비슷한 다른 상황에 대비할 수 있다.

이런 상황에서는 우선 충분히 듣는 게 먼저다. 어차피 흥분한 학부모에게는 교사가 어떤 말을 해도 들리지 않는다. 부모의 마음은 이렇다.

'애가 얼마나 힘들었을까? 전에도 그랬던 것 같아. 요즘 학교 폭력이 심각하다는데 남의 일이 아니었네. 어쩌다 내 아이가 이런 일을 당해서…. 담임은 도대체 뭘 하고 있던 거야? 애가 이 지경이 될 정도로 힘들어하는데 모르고 있다는 게 말이 돼? 아, 내가 돈 번답시고 밖에 나가서 신경을 못 쓰니까 이런 일까지 당하네. 죄책감이 몰려온다. 애한테 너무 미안해. 남편까지 그동안 아이 돌보지 않고 뭘 했냐고 나를 비난하니…. 왜 나한테 이런 일이 생기는 건지. 이번에는 나도 가만히 있지 않겠어. 본때를 보여줘야지. 내 아이를 건드린 그 녀석을 학폭에 신고해서 정신 차리게 만들 거야.'

교육청에서도 늘 언급하는 것이 있다. 바로 교사의 감정성 민원에 대한 최초 응대 태도에 따라 학폭으로 갈 문제도 학폭으로 안 가고, 학폭으로 안 갈 문제도 학폭으로 가게 된다는 것이다. 무조건 경청하고 공감한다. 학부모는 이성을 잃은 상태이기 때문에 교사가 말을 조심할 필요가 있다. 왜냐하면 이 상태에서는 상대방이 자신에게 하는 긍정적인 메시지는 귀에 들어오지 않고, 서운하거나 부정적인 메시지만 머릿속으로 남는다. 그러니 우선은 충분히 들어주고 조금씩 공감을 표현한다.

 학교에서는 뭘 할 거냐고 물으면, 구체적으로 조사해서 피해 아이를 보호하고, 가해 학생의 접근을 막고 재발하지 않도록 각별히 신경을 쓸 것이며, 학교폭력대책심의위원회를 통해서 필요할 경우 아이를 상담해서 상처를 치유하고, 가해 학생은 가해 정도에 따라 교육적 처분을 받게 된다고 대답한다. 물론 이 과정에서도 계속 '아이가 괜찮은가요?', '많이 다치지는 않았나요?'(아이 공감)에 이어서 '어머님께서 얼마나 놀라셨을까요?', '제가 어머니라도 속상하고 마음이 많이 아팠을 것 같아요'(어머니 공감)라고 말한다. 아이 공감과 엄마 공감이 되려면 갑작스런 상황에 상처를 주는 학부모의 감정성 발언에 힘든 교사 자신에 대한 공감이 먼저 이뤄져야 한다(교사의 자기 공감). 학부모가 하는 말은 교사를 공격하는 말이 아니라, 그저 자녀에 대한 걱정과 미안함, 학교에 대한 서운함에서 나오는 복합적인 말의 홍수일 뿐이다. 그 홍수에 교사의 감정이 함께 휩쓸릴 필요는 없다. 학부모의 비난과 성토 속에 담긴 욕구가 보이면, 학부모의 감정성 발언을 들어도 심리적인 편안함을 유지할 수 있다. 교사로서 아이에게 도움이 되기를 바라며, 교사로서 존중받고 싶은 마음을 가지고 있는 교사 자신의 마음을 미리 돌아볼 필요가 있다. 이는 심리적인 훈련으로 대비가 되어 있어야 한다. 처음 대하는 당황스러운 상황에서는 실수할 수밖에 없다. 안 좋은 기억으로 남을 수도 있다. 그러나, 이것이 앞으로도 생길 수밖에 없고 피할 수 없는 부분이라면 충분한 연습으로 극복이 가능하다. 괜히 처음에 '어머님께서 잘못 알고 계신 거예요', 혹은 '그게 아니라…'라는 말을 하면 설령 나중에 진실이 그와 다르더라도 감정적으로 가장 힘들 때 자기 말을 잘 들어주지 않고 자신을 비난(?)한 교사에 대한 원망에 학교폭력대책심의위원회의 절차를 자녀를 위한 회복 수단이 아니라, 가해 학생과 교사를 괴롭히는 수단으로 사용하게 될 것이다.

28 학부모가 학폭 하자고 가자고 하면 어떻게 하나요?

피할 수 없으면 건조하게 학폭 대책 절차를 밟는 것이 낫다. 굳이 학폭 절차로 안 가도 될 사안에서 평화적으로 해결하려는 교사의 노력을 학부모가 사안을 은폐하고 무마시키려고 한다고 오해하는 경우도 있다. 학폭 사안은 담임 교사 혼자 처리하지 않고, 관리자의 조언과 인성부장과 전담 기구, 학폭 대책 절차를 통해서 한다. 담임 교사가 피해 및 가해 학부모와 적절히 통화하는 것은 좋지만, 너무 자주 통화하면 도리어 역효과가 난다. 물론 학폭으로 가자고 하는 학부모의 속마음에는 '내 아이가 안전하고 즐겁게 학교생활 할 수 있도록 해달라'는 욕구가 있을 수도 있다. 학부모의 욕구를 공감해서 학폭을 가지 않고도 해결할 수 있다면 함께 대안을 찾아보는 것도 가능하다.

예전에는 겉보기에 크게 다치지 않았으면 굳이 보건실에 보내지 않았지만, 최근에는 보건실에 보내는 것이 상식처럼 되고 있다. 부모로서는 다친 아이를 보건실에서 치료받지 않게 하면 방치했다고 여기는 경우가 종종 있기 때문이다.

여러 가지 방법이 있지만, 우선은 애들 얘기를 충분히 들어주고 맞은 아이의 상태가 괜찮은지 먼저 확인하고 공감한다. 놀림을 받은 아이도 화나고 속상할 테니 그 마음도 충분히 공감해준다. 그래야 비로소 선생님의 메시지가 애들 귀에 들리고, 애들도 자기 얘기를 할 마음의 준비가 된다. 비판하고 혼내기보다는 서로의 입장을 공감할 수 있는 분위기를 만든다. 가급적 서로 자연스럽게 사과하게 한다. 특히 한쪽의 책임이 기우는 경우(사소한 장난에 주먹질 여러 번)는 맞은 아이를 위로하고 때린 아이가 사과할 수 있는 기회를 준다. 그 이유는 맞은 아이가 집에 가서 반드시 부모에게 학교에서 있었던 일을 얘기하기 때문이다. 그때 학부모가 아이에게 가장 많이 하는 질문은 "선생님이 뭐라고 하셨니?"와 "걔가 미안하다고 사과했어?"라는 말이다. 교사의 위로와 사과가 없으면 학부모는 기본적인 조치가 안 되었다고 생각해서 교사를 불신하게 된다. 일반적으로 교사는 두 아이 모두 각자의 잘못을 고칠 수 있도록, "A는 놀린 게 잘못이고, B는 때린 게 잘못이야"라는 식으로 양비론적 접근을 하게 된다. 그러면 아이는 억울한 마음이 들어서 집에 가서 부모를 충동질하여 일을 크게 만든다. 이때 필요한 것이 공감과 '한계 제시'다. 이렇게 하면 된다.

"장난으로 친구를 놀릴 수도 있지만(공감), 친구가 기분이 나쁠 정도로 놀리고, 하지 말라고 했는데도 계속하면 싸움이 날 수도 있어."

"친구가 놀리면 기분 나쁘긴 할 거야(공감). 그런데 그렇다고 때리면 위험해. 잘못하면 비싼 치료비를 물어야 하고, 학교 폭력으로 징계를 받을 수도 있으니까 그러면 안 돼(한계 제시). 선생님은 ○○가 그렇게 되길 바라지 않아. ○○가 잘되기를 바라(지지)."

30 성 추행 문제가 생겼는데 어떻게 조언해야 할까요?

담임 교사로서 성 문제에 대한 학생 상담은 너무 무겁지도 가볍지도 않게 학생을 존중하면서 할 수 있는 부분만 하면 된다. 교사로서 가장 먼저 해야 할 일은 평소대로 아이들을 대하는 것이다. 아이들 수준에서 도움이 될 만한 부분은 교육하면서 예전처럼 자연스럽게 행동하는 게 중요하다. 교사가 해야 하는 일은 이 분야에 보다 전문적인 지식을 가진 보건 교사와 교내 위클래스 상담사와 상의하면서 교사로서 아이가 겪고 있는 어려움을 함께 나누면서 조언을 받고 아이들이 회복될 수 있도록 돕는 것이다. 교사도 예상치 않은 일을 당하면 당황하게 되고 막막해진다. 다행히 인터넷을 조금만 검색해봐도 아동·청소년 건강복지센터, 청소년 성폭력상담소의 연락처가 나오고, 어떤 관점을 갖고 어떤 방향으로 성교육과 상담을 해야 하는지 자료들이 잘 나와 있다. 그리고 성 문제를 일으킨 학생의 경우 보건 교사에게 부탁해서 성에 대한 왜곡된 생각을 바로잡을 수 있는 교육을 받도록 해주자.

성 문제에서 학생이 성폭력 피해를 입은 경우 수사기관에 신고하고 학교 폭력 사안 처리 절차를 밟도록 해야 한다. 부모가 신고를 꺼리고 반대하는 경우, 양해를 구해서라도 신고는 해야 한다. 이것은 교사의 의무이기 때문이다. 그다음 판단은 수사기관의 몫이다. 만약 부모가 교사를 원망한다면, 속상한 부모의 마음을 공감하고 학생의 회복을 위해서라도 신고가 필요함을 이해시키는 것이 좋다.

성인의 경우 보호관찰 중인 범죄자들의 범죄 비율이 줄어들고 있음에도 성범죄자의 재발률이 계속 증가하고 있다. 필자도 성폭력 문제를 다뤄본 적이 있다. 6학년 학생이 여러 명의 학생을 성추행한 사건이었는데, 이 학생은 과거 3~4학년 무렵 저학년 학생 한 명을 성추행한 전력이 있었다. 처음 사건은 사건 당시 질 인지도 안 되고 피해 학생이 몰래 전학을 가면서 인성부장 교사와 보건 교사의 후속 교육으로 마무리되었었다. 그런데 결국 이후 더 큰 사건으로 번지면서 약 한 달 동안 많은 사람들이 고통을 겪었던 기억이 있다. 잘못을 저질렀다고 해서 학생을 부정적으로 보는 것은 좋지 않지만, 성폭력의 경우 재발 방지를 위해서라도 공식적인 절차를 밟아야 한다.

자녀가 성추행 같은 성폭력을 당했다고 말하면 보통 부모는 아이에게 다음 세 가지를 말한다.

1. 왜 가만히 있었느냐?
2. 왜 이제야 말하느냐?
3. 그것만 당했느냐?

부모도 놀라고 속상해서 하는 얘기겠지만, 모두 도움이 안 되는 말들이다. 1은 아이에 대한 비난이 되니 아이가 상처를 받고, 2는 처음 당하는 두려운 일을 용기 내서 말했는데 부모는 도리어 네가 늦게 말해서 해결이 더 어려워졌다고 말하는 셈이다. 또한 3은 아이가 한 말을 다 믿지 않는다는 의미다.

이러면 아이가 상처를 받는다. 아이는 몸과 마음 모두 상처를 받았는데, 부모는 이 일로 걱정을 하고, 자기 문제 때문에 부모가 서로 싸우고 집안 분위기까지 안 좋아진다. 결국 아이는 더 큰 마음의 병을 얻게 된다. 엄밀히 말하면 성 문제로 인한 고통은 성폭력 피해를 입는 그 순간에만 느끼는 것이 아니다. 전체 과정을 살펴보면 성과 관련된 일에 대한 어른들의 태도에 따라 아이가 잘 털고 일어날 수도 있고, 겪어야 할 아픔보다 더 큰 아픔을 겪게 될 수도 있음을 알게 된다. 인간이 겪는 고통은 주변 사람들의 시선과 태도에 따라 결정되는 경우가 더 많기 때문이다.

그래서 교사는 성교육과 성폭력 문제에 대한 예방과 대응에 대해 자세히 알고 있어야 한다. 교사로서 부모들이 성폭력을 예방할 수 있도록 돕고, 성폭력이 발생했을 때 어떻게 아이들과 학부모를 대해야 하는지 알고 있어야 한다. 어느 정도 훈련이 되어 있어야 덜 당황하고 민감한 성폭력 상담을 진행할 수 있다.

31 교사를 아동 학대로 신고한다는데 어찌죠?

요즘 들어 교사가 문제 행동이 심각한 학생을 제지하는 과정에서 아이의 팔이나 목 부위에 상처가 나고 이를 빌미로 교사를 아동 학대로 협박하는 사례가 늘어나고 있다. 또는 진실을 밝히기 어려운 애매모호한 학생 사이의 다툼, 아이의 문제 행동에 대한 학생과 교사의 입장 차이로 인한 장기적인 갈등 상황이 증가하고 있다.

이제는 절대 교사가 아이에게 실수로라도 욕을 하거나 아이의 몸에 손을 대서는 안 된다. 아직 구체적인 사례에 대한 판결이 나오진 않았지만, 구법보다 신법이, 일반법보다 특별법이 우선이기 때문에 교사가 각별하게 주의할 필요가 있다. 교사가 지도 과정 중 실수를 했다면, 정중하게 사과하는 것이 사태를 수습하는 데 도움이 된다. 열정을 가진 교사가 학생의 되바라진 행동을 참기는 쉽지 않다. 하지만 그 피해 역시 고스란히 교사가 입게 된다. 이것을 극복할 수 있는 모의 상황 연습이 필요하다.

다른 일도 마찬가지지만, 학생이 반복적으로 문제 행동을 하고 무례한 행동까지 하게 되면 교사 입장에서도 감정을 다잡기 힘들고 무리하게 훈육하다가 교권 침해를 당하거나 아동 학대에 휘말린다.

평소에 머릿 속으로는 알지만 실제로 상황이 벌어지면 교사도 인간인지라 마음을 조절하기 힘들다. 이 때문에 발생할 수 있는 여러 가지 상황을 가정하고 혼자서, 혹은 동료 교사와 역할극을 해볼 필요가 있다. 재난 대피 훈련이 하루 아침에 되지 않듯이 이 또한 연습이 필요하다.

학생의 문제 행동이 심각하여 교권 침해가 발생하고, 수업 진행이 어려울 때는 교권 보호 책임관인 교감에게 이 사실을 보고하면 된다. 아직 이러한 부분을 모르는 선생님들이 많고, 혼자서 해결하려다가 낭패를 본다. 아동 학대 시비는 상담 이전에 예방이 우선이다.

이런 부모를 만나면 처음에는 황당하고 '내가 이런 대우를 받으려
고 교사가 되었나' 하는 자괴감이 든다. 가슴도 뛰고 화도 난다. 그런
데 합리적인 해결책을 찾기보다는 감정싸움만 하러 올 때는 과연 무
슨 말을 할 수 있을까?

한편으로는 안쓰럽기도 하다. 그 사람이 그런 말을 하는 것은 자
기 욕구가 채워지지 않았는데, 자기 욕구를 채우는 방법으로 상대방
을 비난하는 것을 선택했기 때문이다. 과거에도 그런 경험이 여러 번
있었을 것이다. 우선은 음료수라도 대접하며 찬찬히 들어준다. 자신
의 의견이 받아들여지는 경험을 별로 해보지 못한 사람이 학교에 와
서 예의를 차리고 정중하게 자신의 의견을 표현하고 부탁하는 것은
거의 불가능에 가까운 일일 것이다. 나는 이런 사람들과 대화할 때는
마음속에서 연민이 일어나길 기대한다. 어찌 보면 참 안됐다 싶기도
하다. 이런 학부모 밑에서 아이가 제대로 자랄 수가 있을까? 아이는
무슨 죄인가? 이 학부모는 어렸을 때 어떤 대접을 받았을까? 가정에
서 사랑을 충분히 받았을까? 참 안타깝다.

있는 사람은 계속 더 받고, 없는 사람은 있는 것도 빼앗기고 소외
당하고 산다. 자녀에게도 똑같이 안 좋은 것을 물려주고, 자신을 도

와줄 교사를 적으로 알고 화풀이를 한다. 이 악순환의 고리를 누군가는 끊어야겠는데, 참 쉽지 않다. 그래서 교사는 연민을 가질 수 없는 상황에서도 연민을 가질 수 있는 것이다. 교사로서의 존엄은 자기 통제를 못 하는 한 인간의 감정적 배설로 인해 훼손되지 않는다. 우리는 대한민국 교사라는 자부심으로 상처받고 남에게 상처를 주는 그런 사람을 보듬을 수 있다고 확신한다.

33 아동 학대가 의심되는 경우, 어떻게 대처해야 할까요?

혼자서 예단하지 말고 우선은 아이를 안정시키고, 보건 선생님께 아이를 보낸다. 아동 학대가 의심되면 관리자에게 보고를 한다. 가장 중요한 점은 '신고는 담임 교사가 하지 않고, 보건 교사나 학년부장, 관리자가 협의해서 정한 사람이 신고한다'는 것이다. 학폭이나 학생 선도, 아동 학대의 문제에서 담임 교사는 의견 진술만 가능하고, 모든 결정은 위원회에서 하는 시스템으로 간다. 그래야 담임 교사도 보호받고 학부모의 민원에 시달리지 않는다. 학부모는 '왜, 나를 신고했냐?'며 따진다. 담임 교사는 학부모의 서운하고 억울한 마음을 공감은 해준다. 그러나 이후 문제에 대해서는 교사가 개입해서는 안 된다. 다음과 같이 학부모를 대하자.

"(경청 후) 제게 서운하시고 억울한 마음이 드실 거예요(공감). 그런데 학교는 아동 학대 신고 의무자예요(정보 제공). 아동 학대 여부는 학교에서 판단할 수 없어요. 그저 의심이 되면 신고할 수밖에 없답니다(한계 제시). 신고하지 않으면 과태료 500만 원을 내야 해요. 저는 담임으로서 인지를 하면 학교에 보고를 하고 그 이후 과정은 제가 알 수 없습니다. 저도 더 알려드리고 싶은데, 그럴 수 없어 안타깝네요(한계 제시)."

34 학부모가 신세 한탄을 해요

참 난감하다. 학부모에게 자녀 교육에 대한 협조를 구했더니 부모님 문제까지 상담하게 되는 경우가 있다. 혹 떼러 갔다가 혹 붙이는 격이다.

우선은 힘든 처지를 공감해준다. '그동안 많이 힘드신데 어떻게 버티셨냐?'고 그간의 수고를 인정하는 것이다. 힘든 상황에서도 아이를 키우면서 잘 버텨온 내면의 힘을 다시 확인시킨다. 앞으로도 잘 이겨낼 수 있다는 희망을 안겨주는 것이다. 그리고 아이의 장점을 찾아서 말하면서 교사도 아이를 사랑한다는 것을 부모가 인식할 수 있도록 표현한다. 아이를 칭찬할 때는 잔잔하면서도 감동적인 일화를 말하는 게 좋다.

이렇게 학부모를 위로하고 지지한 나음, 부모의 도움 없이는 아이의 균형 있는 성장이 어렵다는 점을 강조하면서 어떻게 해서든 협력해달라고 부탁해야 한다. 아이가 성장하는 두 축인 학교와 가정 중에 하나라도 무너지면 교육이 되지 않는다. 학부모가 실천할 수 있는 작은 과제를 주는 것도 좋은 방법이다. 아이에게 사랑한다는 말, 집에 잘 들어와서 고맙다는 말, 넌 앞으로 잘될 거라는 말을 하루에 한 번씩 하길 권한다.

부모에게 교사가 열심히 하고 있다는 믿음을 심어줄 필요가 있다. 사실 학부모의 하소연은 '우리 애 좀 좋게 봐주시고, 앞으로 잘 부탁드린다'의 우회적인 표현이다.

요즘 세상살이가 팍팍해서 부모들이 겉으로는 표현을 안 해도 속으로는 견디기 힘든 상황에 대해 한탄을 많이 한다. 때문에 우선은 다만 몇 분이라도 학부모의 얘기를 충분히 듣고 맞장구를 치는 것도 필요하다. 오죽했으면 창피를 무릅쓰고 담임 교사에게 그런 말을 할까. 교사들도 심하게 민원을 제기하는 학부모 문제나 과도한 업무 스트레스, 동료 교사와의 껄끄러운 갈등이 지속되는 문제로 힘들 때, 누군가 내 얘기를 들어주는 것만으로도 위로를 받고 힘을 얻는 경우가 있다.

어떻게 해서든 부모가 아이 교육에 대해 교사를 믿고 의지하고, 양육 자존감을 높이고, 약간의 부모 교육 지식을 수용하도록 학부모를 이끌어야 한다. 그래야 부모들이 그나마 아이에게 감정적 폭언과 체벌을 줄이고 부정적인 삶의 모습을 덜 보임으로써 아이가 학교에 와서 문제를 일으키는 일이 줄어든다. 가정에서 부모가 조금씩 힘을 낼 때 교사의 긍정적 지도 방식이 효과를 발휘한다. 사실 가장 힘든 사람은 그 집의 아이일 것이다. 이런 환경에서 사는 아이들은 집에서나 학교에서나 소속감과 자존감을 느낄 기회가 적다. 편안하고 긍정적인 자극이 적으니 바르게 성장할 가능성이 낮다. 한 사람 세우기가 이렇게 어렵다. 그래도 우리는 힘을 내야 한다. 우리가 아이를 포기하면 누가 그 아이를 잡아줄 수 있을까? 세상은 힘들 때 서로 의지하고 지지하는 건강한 돌려막기로 유지된다. 그리고 교사는 그 일을 할 수 있는 존재임을 잊지 말자.

35 2학기 학부모 상담은 어떻게 해야 하나요?

1학기 상담이 주로 학부모로부터 듣는 상담이라면 2학기 상담은 학부모에게 알려주는 상담이다. 아이에 대한 정보를 학부모에게 알려주고 함께 아이를 도울 수 있는 방법을 찾는다. 이때 꼭 필요한 것은 아이에 대한 충분한 정보다. 아이의 수업 태도와 학습 능력, 학교생활, 교우 관계 등을 비교적 객관적으로 기록해둬야 한다. 수업 시간에 집중을 잘하는지, 발표의 횟수와 주된 발표 내용은 어떤지, 과목당 성취 수준과 학생이 좋아하고 잘하는 부분, 학교생활 적응은 어떤지, 주로 어떤 친구들과 친하고 갈등 관계는 어떤지, 친구 관계에 어려운 점은 없는지 살펴보자.

교우 관계와 학교생활에 대한 간단한 질문지를 미리 받아두고, 잠시라도 아이와 일대일로 얘기하면서 아이에 대해 이해하고, 아이가 교사나 가정에 바라는 점은 뭔지 알아두자. 그래야 남은 기간 아이를 어떻게 도울지 계획을 세울 수 있으며, 학부모 상담에서도 당황하지 않게 된다.

학부모를 상담할 때는 아이의 문제점을 부각시켜 말하기보다는 아이에 대한 자료를 활용하면서 아이의 학교생활 전반에 대해 얘기하되, 여유 있게 긍정적인 부분을 충분히 포함하자. 만약 교사가 아이의 잘못을 조목조목 얘기하면 학부모는 자신의 아이에게 심각한 문제가 있다고 생각하고 불안해한다. 이렇게 되면 부모가 자녀의 문제 행동을 빨리 고치기 위해서 성급하게 비교육적인 방법을 사용하다가 상황을 더 나쁘게 만들 수도 있다. 따라서 부모에게 아이를 혼내기보다는 부모가 어떤 조건 없이 자녀를 사랑하고 있음을 표현해야 한다고 조언하자. 아이가 무슨 일을 했든지 간에 우선은 충분히 들어주고 아이 입장에서는 그럴 수도 있고 인간은 누구나 실수할 수 있음을 인정해야 한다. 그리고 나서 자신의 행동이 어떤 안 좋은 결과를 가져오는지, 그로 인해 자신은 어떤 불이익을 받는지 정확하게 인식시킬 필요가 있다. 가급적 화를 내지 않고 조근조근 말하는 것이 좋고, 화를 내더라도 아이를 인격적으로 비난하는 것은 아무런 도움이 되지 않는다.

부모에게는 아이의 문제 행동에만 주목하지 않고 아이의 장점을 구체적으로 칭찬하고 격려하면서 담임 교사와 협력하며 앞으로 충분히 나아질 수 있다는 희망을 심어주자.

간혹 학부모가 전화로 자녀에 대한 고민을 바로 말하거나, 문자 메시지로 면대면 상담 요청을 하는 경우가 있다. 이때 가벼운 내용은 바로 상담할 수도 있지만, 가급적이면 어떤 일로 상담을 하길 원하는지, 부모의 기분은 어떤지, 자녀가 어떻게 되기를 바라는지 확인하고 미리 상담을 충분히 준비하는 게 좋다. 만약 문제 행동이 심한 아이라면 작년 담임, 교과 전담 교사, 주변 아이들과 동학년 교사, 동아리와 방과 후 교사에게 이 아이의 학교생활에 대해서 관찰한 것을 알아보면 좋다. 특히 비교적 편안한 분위기인 보건실에서의 모습은 아이를 이해하는 데 큰 도움이 된다.

학부모 상담이 갈수록 어려워진다. 학부모의 의사 표현은 점점 더 적극적으로 변하고 요구 사항이 많아졌으며, 사회 경제적 여건의 악화로 교사를 교사보다 교육 서비스 공급자로 보는 학부모들이 늘어나고 있기 때문이다. 그래도 80퍼센트 정도의 학부모들은 묵묵히 지켜보고 성원해주고 있으니 교사도 힘을 낼 수 있다.

교사는 학부모 상담 이전에 학부모와의 다양한 소통 채널(밴드, 칭찬 메시지, 안부 전화, 학급소식지)로 학부모와의 관계를 원활하게 해야 한다. 이를 바탕으로 학부모를 설득하기보다는 학생의 긍정적인 부분을 일화와 관찰 위주로 부각시키면서 학생에 대한 정보를 획득하고, 학부모와 한 팀으로 동반자적 관계를 만들 필요가 있다.

"어머님, ○○가 사회성이 좋고, 발표에도 적극적인데 친구를 자기 뜻대로 하려는 부분이 좀 강해요. ○○가 친구의 생각과 선택을 존중하고 협력한다면 자신의 잠재력을 충분히 펼칠 수 있을 거예요. 어머님 생각은 어떠세요?"

아이의 잘잘못을 따지기보다 성장의 관점으로 접근하면 학부모도 교사의 의도에 호응할 가능성이 높다. 경청과 공감 위주의 대화를 나누는 것이 필요하고, 평소 아이에 대한 구체적인 기록을 남겨서 학부모 상담에서 유용한 자료로 사용하자. 학부모 상담 주간 이외에 상담을 요청하는 학부모의 경우, 상담하고 싶은 부분에 대해 미리 질문해서 효과적인 상담이 될 수 있도록 충분히 준비해둔다. 교사가 아무리 상담에 열의가 있더라도 1학기에 아이에 대해 평가적인 말(특히 부정적인 부분)을 자주 하는 것은 좋지 않다. 학부모의 속마음은 '아이를 얼마나 봤다고 함부로 얘기하지?', '벌써 우리 아이는 찍힌 건가?'와 같이 교사의 관점을 불신하게 되어, 상담에도 소극적인 모습을 보일 수 있으며 교사를 적대시하게 된다.

방법의 윤리성과 효과성을 떠나 학부모의 노력에 대해 충분히 긍정하고 좀 더 효과적인 방법을 찾아나가면서 부모의 불안을 희망으로 조금씩 옮기는 것이 교사의 몫이다. 만약 아이를 너무 신경 안 쓰는 학부모가 있다면 그들 삶의 무게가 너무 무거워서 그런 경우일 수도 있으니, 차라리 아이를 긍정적으로 바라보는 메시지를 자주 보내도록 하자. 그러면 그들도 힘을 얻어 집에서 아이에게 관심을 갖고 칭찬하고 격려해서 아이가 좋은 기분으로 학교에 와서 달라진 모습을 보일 수 있다.

무엇보다도 교사가 먼저 지치지 않아야 한다. 어떻게 해서든 안팎으로 힘을 얻어야 한다. 취미생활이나 친구와의 수다, 때로는 지름신 강림도 필요하다. 상담은 오래 할수록 나아진다. 그렇다고 상담을 자주 하면 아이들이나 교사 모두가 힘들다. 상담 안에는 반밖에 답이 없다. 절반의 답은 상담 밖에 있다. 내 안에 절반의 답이 있다. 그리고 내 밖에 절반의 답이 있다. 우리 반에 절반의 답이 있고, 우리 반 밖에 절반의 답이 있다.

상담은 나 혼자 할 수 없다. 담임 교사–교과 전담 교사–관리자(교감, 교장)–학부모–또래 친구–선후배–지역 주민–지역 아동 센터–주민 센터가 함께해야 한다. 계속 소통해야 나아진다.

교사들끼리 물리적, 심리적 벽을 허물고 학급의 이야기를 나누고 솔직하게 얘기하는 교육 풍토를 만들 필요도 있다. 서로 조언하기보다는 서로 공감하는 분위기, 어떻게 하면 아이들이 나아질까 함께 고민하는 학교 문화가 형성되면 교사들이 받는 스트레스도 줄어든다. 그만큼 아이들을 대하기도 편해진다. 아이가 계속해서 사고를 치고 나아질 기미가 보이지 않으면 선생님도 지친다. '내가 무능한 것이 아닐까?', '나 때문에 애가 더 나빠지는 것은 아닐까?' 하고 낙담하게 된다. 그러면 나는 이렇게 얘기한다.

"선생님, 힘내세요. 그건 선생님 잘못이 아니에요.

선생님은 최선을 다하셨어요. 이제 우리 함께 고민해봐요.

저도 선생님과 함께할게요. 같이 하면 아이도 점점 나아질 거예요."

같이 근무하는 선생님들이 서로 응원하고 협력하면 분명 어려움도 이겨낼 수 있다.

부록
一

학부모와의
소통을 위한
글 모음

5학년 ○반 학부모님들께

금암초 5학년 ○반 학부모님들 안녕하세요?

저는 이번에 금암초로 오게 된 교사 이상우입니다. 예전에는 졸업하는 제자들 맡고 싶은 욕심에 6학년을 자주 했었지만, 지금은 모든 학년을 좋아하며 이번에는 5학년을 맡게 되어 기쁩니다. 제가 초등학교 시절 중에서 5학년이 가장 즐거웠던 기억이 납니다. 늦깎이 교직 경력 12년 중에서 5학년을 두 번 맡았는데, 아이들과의 관계도 좋았고, 부모님들과 소통도 원활했답니다.

부모님들께서는 제가 어떤 교사일지 궁금하실 것 같습니다. 저의 원래 전공은 법학입니다. 그런데 생각보다 적성이 안 맞아서 교직으로 진로를 바꾸었습니다. 교육대학을 졸업하고 임용시험에 합격하여 포천으로 첫 발령을 받았습니다. 전교 6학급인 시골 학교에서 2년간 아이들과 즐거운 추억을 많이 만들었습니다. 예전부터 아이들과 지내는 것을 좋아하던 제 적성에 잘 맞았습니다. 지금도 그때 제자들과 연락하고 있답니다. 이후 고향인 수원으로 와서 ○○초에서 2년, ○○초에서 7년을 근무했습니다. 개인적으로 부모 교육에 관심을 갖고 있어서 부모님들과 교육 소모임을 만들어서 함께 자녀 교육이 어려움에 대해 공감하고 함께 고민을 나누었습니다.

저는 늦깎이로 이제 교직 12년차에 접어듭니다. 비록 교직이 제 인생의 첫 선택은 아니었지만, 먼 길을 돌아오면서 교직의 소중함도 깨달을 수 있었고, 지금도 아이들과 함께 생활하는 것에 행복해하고 보람을 느낍니다. 때로는 아이들을 어떻게 도울 수 있을까 고민되고 힘에 부칠 때도 있습니다만, 아이들을 돕는 과정에서 아이도 성장하고 저도 함께 성장합니다. 어쩌면 아이들은 문제를 내는 스승이고, 저는 문제를 푸는 학생 같다는 생각도 듭니다. 때로는 교사인 저도 아이들에게서 생각지 못했던 것을 배웁니다.

새 학기를 준비하면서 앞으로 아이들과 1년을 어떻게 지낼까 계속 고민해보았습니다. 그런데 특별히 떠오르는 것은 없었습니다. 그저 아이들과 하루하루 함께 공부하고, 고민이 있으면 함께 나누고, 기회가 되면 함께 뛰노는 것이 제가 할 수 있는 전부라는 생각이 듭니다. 학급 안에서 어떤 일에 대해 결정할 때, 담임이 고집하지 않고 아이들과 함께 충분히 토의하고 학급 공동체의 발전과 아이들의 행복을 위해 최선의 선택을 할 수 있도록 민주적인 의사 결정 과정을 거치려 합니다. 그 가운데서 아이들이 의사소통 능력과 문제 해결 능력이 향상될 것입니다. 또한 아이들의 마음은 충분히 공감해주면서도 문제 행동은 줄일 수 있도록 함께 노력하고, 올바른 행동을 할 수 있도록 이끌어주겠습니다.

선생님들마다 학부모님들과 다양한 방식으로 소통합니다. 저는 학급 밴드를 운영해서 알림장과 아이들의 활동 사진을 올립니다. 부모님들께서 아이들이 어떻게 학교에서 생활하는지 보실 수 있을 겁니다. 학급 운영 방법과 자녀의 학교생활에 대해 상담을 원하시면 직접 방문해주시거나 전화, 문자 메시지, 카톡으로도 소통하실 수 있습니다.

아직도 저는 아이들을 보면 그냥 좋습니다. 방과 후 애들과 얘기하고 운동하는 것도 좋아합니다. 남학생들의 다툼이나 여학생들의 갈등 문제도 잘 풀어냅니다. 대학원에서 상담을 전공했고 아이들과, 또한 부모님들과 상담하는 것을 즐겨합니다. 그게 제가 잘할 수 있는 부분이고 부모님들께도 도움이 되고 싶습니다.

저도 이번에 오랜만에 학교를 옮겨서 좀 설레고 떨리기도 합니다. 부모님들께서도 저를 믿고 아이들을 맡겨주신 만큼 저도 최선을 다하겠습니다. 아이들을 위한 것이라면 언제든 연락 주세요. 올 한해 잘 부탁드리겠습니다.

금암초 5학년 ○반 담임 이상우 올림

5학년 ○반 부모님께 드리는 글

부모님, 안녕하세요? 새로운 희망을 갖고 5학년 ○반 친구들과 1
년을 함께하게 될 담임 교사 ○○○입니다.

초등학교 시기에 있어서 황금기라고 할 수 있는 5학년은 우리 친구
들에게 신체뿐만 아니라 인지, 정서, 사회적으로 많은 변화가 일어나
는 시기입니다. 그래서 그동안의 생활과는 한 차원 다른 요인들이 생
기면서 우리 부모님들도 걱정 반, 기대 반이실 것 같습니다. '과연 5학
년 생활을 행복하게 잘 보낼 수 있을까?', '친구들과의 관계는 어려움
없이 잘 지낼 수 있을까?', '선생님은 괜찮은 분일까?' 하는 여러 가지
생각들로 마음이 복잡하실 것 같아요.

선생님은 괜찮은 분일까?

먼저 저에 대해 간단히 소개하려 합니다.

어릴 때부터 장래 희망이 선생님이었으며 우리 아이들과 함께하는

---

* 저자에게 학부모 상담 연수를 받은 선생님께서 저자가 쓴 학부모에게 보내는 글들을 참고하여 쓴 글입
니다.

교육 현장에서 교육자로서 사명감과 긍지를 갖고 있습니다. 아이들 하나 하나가 귀하고 예뻐서 학교에서는 제자를 내 자식처럼 생각하고 있으며 아이를 이해하고 존중하며 지도하고 있습니다. 제가 좀 어렵게 아이를 갖게 되면서 생명이 얼마나 축복받은 소중한 존재인지 더욱 깨닫게 되었고, 그러면서 우리 아이들이 더더욱 소중하게 느껴지더군요.

교사로서 끊임없이 노력하고 최선을 다하기 위해서 방학 기간뿐만 아니라 학기 중에도 꾸준히 좋은 교육을 찾아 참여하고 있습니다. 최근에는 초등수학 내용 전문성 향상 과정 연수, 학급 응집력 강화를 위한 역량 강화 연수, 변화의 시작−기적의 모험 놀이 상담 연수, 안전교육 연수, 소프트웨어 역량 강화 연수, 학습 부진 학생 이해 연수, 교사 리더십 상담 훈련 연수, 학생 상담 연수 등을 받았습니다. 저는 심리 상담, 비폭력 대화, 감정 코칭에 개인적으로 관심이 많은데 이런 분야들이 아이들을 이해하며 지혜롭게 학급을 운영하는 데 큰 도움이 되었습니다.

학급 경영의 바탕 : 인간의 존엄성, 비폭력 대화를 통한 건설적인 의사소통과 문제 해결력 향상, 자기 관리 능력 향상

급훈 : 존중의 대화를 생활화하는 어린이

자리 배치 : 몇 가지 원칙에 따라 본인 선택(남녀 짝, 친한 친구와 반복하

여 앉지 않기, 자리는 뒷줄에 앉은 사람부터 선택권 부여, 자리 조정이 필요할 시엔 선생님이 직접 변경함). 코로나 상황에서는 정해진 자리가 원칙임

급식 : 알레르기 음식은 피하되 골고루 먹을 만큼만 먹기

친구들과 잘 어울리기 위해서는?

학교에 오는 즐거움 중 첫 번째가 바로 친구들입니다. 친구들과 원만한 관계가 되기 위해서는 고학년 아이들의 발달 특성에 대한 이해와 부모님들의 협조가 필요합니다.

신체 발달 특징 : 여자 아이들은 생리를 시작하고 남자 아이들은 변성기가 오는 등 대부분 2차 성징이 나타남. 남자 아이들의 신체 발달이 현저히 빨라지나, 여전히 여자 아이들이 남자 아이들에 비해 키와 몸무게에서 앞섬. 남녀의 운동 능력 차이가 두드러짐.

인지 발달 특징 : 옳고 그름에 대한 분별력이 거의 완벽하게 갖추어져 있고 자기 주장에 대한 적절한 근거를 들 줄 앎. 공부에 대한 부담을 많이 갖게 되며, 자기가 좋아하는 분야에 집중하는 아이들이 늘어남. 고학년이 되어 교과 내용이 어려워지면서 학력 차이가 뚜렷해지고, 몇몇 과목은 아예 포기하는 아이도 있음. 도덕성의 이해는 어른 수준에 가깝지만 도덕적 실천력은 미약한 상태임.

정서적 발달 특징 : 자존심이 강해지고 모르는 것을 물어볼 용기가 부족해서 수업 중에도 질문이 잘 나오지 않음. 사회적 이슈에 관심을 보이고, 진지하고 순수하여 올바른 것에 대한 정의감이 높음. 사춘기에 들어서면 아이들은 감정 조절을 잘하지 못하여 작은 일에도 벌컥 화를 내곤 함. 자신이 잘하는 점을 친구들 앞에서 당당하게 자랑하는 한편, 자신이 잘하지 못하는 면이 있더라도 기죽지 않는 등 자기 자신에 대해 강한 자긍심을 가지고 있음. 급격한 신체적 변화를 겪으며 어린 아이의 수준은 벗어났지만 청소년처럼 깊이 있는 사고를 하기엔 아직 부족한 나이임에도 어른 대접을 받고 싶어 함.

사회적 발달 특성 : 또래 관계에서 정치적인 모습이 두드러지고 여자 아이들은 배타적인 소집단을 만들어 행동하며, 또래 문화에 속하지 않는 아이가 등장함. 서열을 매기며 상하 관계를 중요시하는 경향이 생김.

이 시기의 발달 특성을 고려할 때 함께 지도 협조해주실 부분은, 신체 발달 면에서는 아이들이 외면보다는 내면을 가꾸어야 하고, 신체 발달에는 개인차가 있음을 인정하고 긍정적으로 이해하며 받아들이도록 도와줍니다.

인지적인 면에서는 교사의 일방적인 강의식 수업보다 모둠 단위의 상호작용이 효과적이므로 수업 시간에도 이러한 점을 반영하여 모둠 활동을 통해 학습 능률을 높일 것이며 평가의 결과로 우열을 가리는 것이 아니라는 평소 학습 분위기를 조성할 것입니다. 배운 내용을 진짜 자신의 것으로 만드는 복습을 지속적으로 하도록 가정에서도 도와주세요. 또 이 시기에는 논리적, 추론적 사고가 발달하는 시기이기 때문에 지적 자극을 많이 주고 자신의 의견을 조리 있게 말할 수 있도록 토의 토론 활동의 학습 기회를 많이 줄 것입니다.

정서적으로는 아이들이 감정을 다스리지 못할 경우 맞대응하지 말고 침착하고 차분하게 상황을 객관적으로 바라보도록 비폭력 대화(존중의 대화)를 통해 지도하며 선을 넘는 언행에 대해서는 친절하지만 단호하게, 지켜야 할 선은 서로가 지켜 존중하도록 해주세요.

학교나 친구와의 일을 부모님께 전해야 할 땐 자기중심적으로 말할 때가 많습니다. 이때 일단 아이의 말은 반만 믿어주세요. 상황을 자세히 알아가다 보면, 아이가 말한 것이 사실과 다르거나 또 다른 사실이 존재하는 경우가 종종 있어서 상황이 역전되는 경우가 있습니다. 이것은 아이가 일부러 그러는 것이 아니라 어떤 상황에서 당사자가 되면 자기 입장에서만 바라보게 되어 전체를 인식하지 못하고 제한적으로 보기에 그럴 수 있습니다. 이것은 아이가 거짓말하는 것이 아니고 자신이 인식한 상황이 그렇게 만드는 것입니다. 그러니 '그럴 수 있다'라고 여기고 그 말의 반만 믿어주면 됩니다. 다양한 성격과 기질의 아이들이 함께하는 학급 안에서 갈등이 없을 순 없잖아요? 그렇다면 이 갈등에 대해 저는 아이들 스스로가 자신이 겪는 문제와 바람에 대해 솔직하게 표현하고 공감하면서 존중의 대화로 차근차근 풀어가도록 도울 것입니다. 또래 관계에서 주인공은 바로 우리 친구들입니다. 친구들 스스로 '친구와 어떻게 지내야 하는지' 부딪치면서 또래 관계의 지혜를 스스로 터득해나갈 수 있도록 아이들에게 먼저 기회를 주십시오.

부모님들께서는 학급의 아이들을 바라볼 때 내 자녀 중심으로만 바라보지 말고 내 아이와 친구들이 함께 좋은 영향을 주고받으며 더불어 성장할 수 있도록 바라봐주세요. 아이들이 몸은 성장하여 컸지만 아직 정서 및 사회적인 발달은 충분히 이루어지지 않아 때론 마음은 그렇지 않은데 겉으로 표현하는 방식에는 차이가 있어서 서로 충돌이 생기고 말보다는 손·발이 먼저 나갈 때도 가끔 있습니다. 아이들 간의 사소한 갈등으로 인한 작은 상처는 너그러운 마음으로 이해해주세요. 그리고 아이들이 대중매체나 주변에서 들었던 어휘들에 대해서도 정확한 개념적 정의를 모르는 상태가 많아서, 심각한 말도 어른들이 생각한 것과는 달리 대수롭지 않게, 그렇게 심각한 줄 모르고 사용하기도 합니다. 또한 충돌이 있었더라도 친구와 함께하는 기쁨이 크기에 다시 그 친구와 함께 노는 것이 아이들 세계입니다. 아이들 눈

높이로 보고 이해하며 내 아이, 남의 아이 구분 짓지 말아주세요. 내 아이가 좋은 친구들과 함께하려면 서로가 좋은 친구가 되어주어야 합니다. 학급의 모든 아이들을 '내 아들, 딸들이다'라는 마음으로 긍정적으로 이해하고 지지해주시면 아이들은 좋은 집단을 경험하며 성장하게 될 것입니다.

5학년 생활을 행복하게 보내기 위해서는?

학교라는 공동체 속에서 아이가 안정되고 즐겁게 생활하기 위해서는 부모님의 높은 기대보다는 높은 지지가 필요합니다. 학교는 아이들만의 세상입니다. 부모님의 기대에 미치지 못하는 상황이 있을 수 있습니다. 그럴 땐 아이를 발달 특성의 관점으로 보시고 '그럴 수도 있겠다'라며 수용적인 태도를 유지해주세요. 마음의 여유를 갖고 아이에게 시간을 주며 함께 노력하면 아이는 부모님의 기대치보다도 훨씬 더 잘할 것입니다.

부정적인 감정 표현일지라도 무조건 억압하거나 회피하지 말고 친절하게 공감해주세요. 행동 제한이 필요한 경우엔 아이가 한 번 더 생각해볼 기회를 주고 스스로 합리적인 해결책을 찾도록 감정 코칭으로 이끌어주십시오.

'선생님과 부모님이 한편이 되어 나를 도와주신다'라는 생각을 아이가 갖도록 해주세요. 그래야 가정과 학교에서의 모습이 일관되며 학교생활이 안정되고 행복하게 생활할 수 있습니다. 집에서 사용하는 말과 행동이 학교생활 중에 드러나는 경우가 많습니다. 학교생활에 긍정적인 영향을 줄 수 있도록 학교에 대한 부정적인 인식 표출, 언어 폭력, 체벌, 협박, 아동 학대 등은 삼가해주세요.

자녀에 대해 궁금한 것이나 알리실 것이 있을 때에는 망설이지 마시고 학교 전화나 알림장, 서신 등을 통해 알려주세요. 저도 퇴근한 뒤에는 생활의 재충전이 되어야 다음 날 마음의 여유를 갖고 아이들을 밝게 맞이할 수 있으므로 퇴근 후나 학습 시간은 삼가해주시길 부탁드립니다. 그 외 시간은 언제든 미리 연락 주시면 상담이 가능합니다. 전화 상담의 경우엔 아동이 듣지 않는 곳에서 해주시고 상담 내용은 비밀로 해주세요. 아동 상담과 학부모님의 협조 지도가 필요한 경우엔 담임 교사가 직접 연락을 드려서 우리 아이가 좋은 방향으로 지혜롭게 자라도록 부모님과 한편이 되어 돕겠습니다. 절대 낙인을 찍거나 아이를 부정적으로 지도하는 것이 아니므로 걱정하지 않으셔도 됩니다.

기타 공지

- 필요한 양식은 학교 홈페이지 공지 자료실에서 다운로드하기
- 출결 상황에 변동이 있을 땐 미리 연락 주세요.
- 결석할 땐 증빙서류와 함께 결석계를 제출합니다.

- 학교장 허가 체험학습 : 3~5일 전 신청히여 통보서 받은 후 체험 가능, 등교 시 보고서 제출, 학교 행사와 겹치지 않도록 주의하기
- 가정통신문 : 알림장과 대부분의 안내장은 e-알리미를 통해 전달됩니다. 종이 신청서일 경우에는 제출일을 지키며 늦지 않게 협조해주시면 도움이 됩니다.
- 우유 신청은 아이의 의견을 최대한 존중합니다. 억지로 마시라고 하면 토하거나 안 보이는 곳에 버리고 갑니다.
- 알림장, 주간학습, 준비물 꼼꼼히 준비하기
- 개인 학용품에 이름 쓰기. 분실물이 많아요.
- 개인 행동하지 않기, 학교 규칙 지키기

초등학교 고학년 시기에 가장 중요한 것은 바로 겸손입니다. 아이 입장에서 볼 때 익숙한 학교생활이기에 자칫 방심하는 마음, 교만한 마음이 생길 수 있는데, 이를 꺾고 겸손한 마음을 지니는 것이 중요합니다. 저 역시 아이들의 성장을 위해 최선을 다하고 있으니 가정에서도 저를 믿고 지지해주시며, 저와 함께 자녀 교육에 적극적인 노력을 해주시기 부탁드립니다. 우리 부모님들 항상 힘내시고, 우리 아이들을 사랑하는 부모님의 가정에 행복이 가득하시길 기원합니다.

부모님! 본 드리는 글을 다 보셨다고 즉시 정리하지 마시고 아이가

5학년 학교생활에 충분히 적응할 때까지 가정에서 보관하고 참고해 주시면 도움이 될 것입니다. 감사합니다.

5학년 ○반 담임 교사 ○ ○ ○ 드림

☎ ○ ○초 031-123-4567

○○초 6학년 ○반 부모님들 안녕하세요?

코로나19로 바쁘고 힘드신 나날을 보내시느라 얼마나 고생이 많으신지요. 직접 뵙지는 못하지만, 가정과 일터에서 가족을 위해 늘 헌신하시는 부모님들께 진심으로 감사의 말씀을 전하고 싶습니다. 언제 끝날지 모르는 코로나19 상황 속에서 매일 애쓰시는 부모님들의 등을 보며 우리 아이들은 훌륭하게 자라날 것이라 저는 믿습니다.

어제 3차 개학 연기 및 온라인 개학 일정이 발표되었습니다. 교육부장관이 기자 회견에서 밝혔듯이, 코로나19로 인해서 우리나라 70년 교육 역사상 한 번도 경험하지 못했던 많은 일들이 벌어지고 있습니다. 하지만 학생의 건강과 안전을 최우선으로 생각하고 다 함께 힘을 모으면 잘 이겨낼 수 있다고 믿습니다.

우리 학교에서도 교육부, 교육청과 협력하며 차분히 온라인 개학을 준비하고 적절히 대응을 하고자 합니다. 그동안 학교에서는 추가적인 개학 연기로 온라인 학급 운영을 원활하게 운영하기 위한 준비를 계속하고 있습니다. 아침마다 학생의 건강 확인, 출석 체크, e학습터 가입과 참여 독려, 학생 단톡방 운영 및 개별적인 학습 피드백 제공, 학부모님과의 지속적인 소통 등 여러 가지를 시도했습니다만, 마음만 앞서고 미숙한 부분도 있어서 긴 휴업 기간 중에 있는 부모님들과 자녀들을 오히려 힘들게 한 건 아닌지 걱정입니다.

비록 어려운 상황 속에 있지만, 학습 과제에 열심히 참여하고 인증샷을 보내는 아이들과 수고가 많으시다면서 감사 말씀을 전해주시는 부모님들의 응원 덕분에 저 역시 더욱 힘을 내서 노력하고 있습니다. 온라인 개학이라는 처음 가보는 길이지만 지금처럼 부모님들이 계속 협조해주시고 따뜻한 응원을 해주신다면 우리 ㅇ학년 ㅇ반은 충분히 이겨내고 더 놀랍게 성장할 것입니다.

혹시나 학급 운영에 대해 궁금한 점이 있으시거나 온라인 개학 준비와 운영에 관해 제안할 부분이 있으시면 문자 메시지나 전화를 통해 언제든 연락 주시면 감사하겠습니다. 앞으로 저도 학급 밴드를 통해서 온라인 학급 운영 상황을 공유하고 부모님들과 폭넓게 소통하면서 멋진 반이 되도록 힘쓰겠습니다.

모쪼록 환절기에 건강하시고 행복한 가정 되시길 기원합니다.

감사합니다.

○○초 ○학년 ○반 학급 밴드에 오신 것을 환영합니다~~♥

우리 반 학급 밴드의 목적은 담임 교사 혼자만 알기엔 아까운 우리 반 친구들의 학교생활 모습, 자세한 안내가 필요한 전달 사항, 알림장에 미처 알리지 못한 것을 알리고, 자녀 교육에 도움이 되는 유익한 도서 추천 및 정보 나눔 등을 함께하기 위해서입니다.

직장에 다니시더라도 학급 밴드는 참여하기가 쉬워서 자녀의 학교생활을 구체적으로 이해하실 수 있고 아이들과의 대화도 더욱 풍성해질 것입니다. 우리 친구들이 성장하는 데 많은 격려와 응원, 소통의 장이 되기를 바랍니다.

밴드 이용 시 유의사항

1. 내 아이만 보기보다는 학급 아이들 모두 내 아이처럼 사랑스럽게 이해하며 바라봐주세요.

2. 밴드 사진에 최대한 모든 친구들을 담고자 하지만 활동하다 보면 놓칠 수도 있고 부모님 보시기에 만족스럽지 못할 수도 있어요. 하지만 큰 교육의 흐름을 보시며 양해해주시고 혹여나 다른

친구들과 비교하여 주의를 주는 일은 없었으면 합니다.

3. 올린 자료에 대한 긍정적인 표현, 지지의 댓글을 남겨주시면 교육하는 데 더 힘이 나겠습니다.

4. 밴드 정보를 이용한 사적인 용도의 그룹 초대는 금지합니다.

○○초 6학년 ○반 학부모님들 안녕하세요.

오랜만에 글을 쓰게 된 이유는 현재 우리 아이들을 위해 어떻게 온라인 수업과 학습 지도가 되고 있는지 알려드리고, 부모님들께서 자녀를 교육하면서 겪으시는 어려움을 담임으로서 어떻게 도와드릴까 여쭤보기 위해서입니다.

현재 6년생은 매주 월요일에 등교 학습을 해서 6교시 수업을 하고 있고, 급식은 원하는 학생만 먹고 하교합니다. 보통 18명 내외로 먹는 듯합니다.

화요일부터 금요일까지는 원격 수업이 이뤄지고 있습니다. 아침 9시에 반톡방에서 온라인 조례(아침맞이)를 통해 아이들과 인사를 나누고 오늘 수업 중 중요한 부분이나 아이들이 알아야 할 부분에 대해서 제가 간단히 설명을 합니다.

아이들은 e학습터를 통해서 각자 온라인 수업으로 공부하고, 온라인 수업 중 활동과 과제물을 제게 카톡으로 보내면 제가 필요한 피드백을 해줍니다. 수학과 영어 성취가 뛰어난 학생들은 과제 보고를 면

제해주거나 심화 과제를 내주기도 합니다.

한 가지 걱정되는 부분은 원격 수업을 본격적으로 한 지 두 달 반이 되어가는데, 아이들의 원격 수업 수강도(집중해서 보는 것)와 과제 수행률이 점점 낮아진다는 것입니다. 온라인 강의를 틀어놓고 핸드폰을 하거나, 온라인 강의 진도만 체크하고 강의를 보지 않거나, 강의는 보지만 정작 학습 활동은 하지 않고 눈으로만 대충 공부하기도 합니다.

그래서 지난주부터는 하루에 2~3명씩 불러서 개별 지도를 하거나 공부법이 몸에 밸 수 있도록 연습을 시키고 있습니다. 학교에 오면 아이들이 생각보다 집중을 잘하고 열심히 하는 편입니다. 코로나19 감염 예방을 위해서 발열 체크를 하고 제가 개별 지도할 때는 마스크를 착용하고 합니다. 앞으로는 학습이 부족한 친구만이 아니라, 교사의 개별적인 도움(부족한 부분을 보완하거나 잘하는 부분을 더 잘할 수 있도록 돕는 것)이 필요한 학생들은 이렇게 개별적으로 교육하려고 합니다.

한 가지 부모님들께 부탁드릴 것은 아이들이 어떻게 지내는지에 대한 부분을 문자로라도 간단히 알려주시면 좋겠습니다. 저도 아이들을 일주일에 한 번밖에 못 만나다 보니 아이들에 대한 이해가 부족할 수 있습니다. 제가 알아야 할 아이들의 개별적인 부분에 대해서 얘기해주시면 담임 교사로서 학생을 이해하고 원격 수업 기간 동안 잘 적응하고 균형 있게 성장할 수 있도록 도울 수 있을 것입니다. 아울러 부모님 보시기에 자녀를 위해 좀 더 신경을 써줬으면 하는 부분이 있으시면 알려주세요. 저도 최대한 반영해서 온라인 수업 기간 동안 아이들의 생활과 성장에 부족함이 덜하도록 힘쓰겠습니다.

코로나19로 인해서 아이들과의 만남이나 학습에서 모두 어려움이 있는 것이 사실입니다. 그러나 가정과 학교가 함께 노력하고, 부모님과 담임 교사가 서로 소통한다면 코로나19의 위기 상황이 아이들의 자기 주도적인 학습 능력을 키우고, 스스로 자기 생활을 자율적으로 조절할 수 있는 기회가 되리라 생각합니다. 저 또한 효과적인 원격 수업을 더욱 연구하고 학생들과 관계 맺는 방법을 개선하는 데 노력하고 있고, 아직 부족하지만 교사로서 계속 성장하는 것을 경험하고 있습니다.

비록 학생과 교사가 힘들다 하더라도 부모님들만큼 힘들지는 않다고 생각합니다. 부모님들이 생업에 종사하시느라 바쁘신데도 불구하고 자녀의 학습과 생활에 관심을 가져주시고 등교일에 건강한 모습으로 학교에 보내주셔서 감사드립니다. 저도 부모님들께서 애써주시는 만큼 더욱 분발해서 학생들의 성장을 돕고, 부모님들과 충분히 소통하도록 노력하겠습니다. 궁금하신 사항이나 건의하실 부분이 있으면 언제든 연락주세요. 감사합니다.

지혜로운 교사는 어떻게 학부모 상담을 하는가?

학부모님께.

오늘 알림장에 학부모 상담 개인 시간표가 붙여져 나갔어요.

바쁘신 와중에도 많은 부모님들이 우리 아이들 교육에 관심을 가지고 신청해주셔서 감사드립니다. 학기 초 상담은 1년 동안 아이와 함께하면서 개인별 아동의 특성을 이해하고 지도하는 데 그 무엇보다 중요합니다.

우리 학급에는 다양한 얼굴만큼이나 다양한 기질과 특성들이 존재합니다. 저는 이번 상담을 통해 전체가 아닌 개인에 초점을 맞추어 아이의 특성을 깊이 있게 들여다보고 담임 교사로서 우리 아이를 어떻게 도와주어야 하는지 고민할 것입니다.

부모님께서 도와주실 부분

상담 오시기 전까지 진지하게 아래 사항을 성찰해보시고 솔직하게 말씀해주시면 좀 더 내실 있고 뜻깊은 상담이 되겠습니다.

1. 건강 – 과거 병력, 주의할 부분
2. 아이의 좋은 점, 기질과 성향, 습관 – 인지, 정서, 심리, 행동 등

3. 1학년 때 생활을 하면서 적응 과정이나 또래 관계에서 고민되었던 부분

4. 자녀에 대한 이해 관점 – 부모님의 인간관, 대화하는 방식, 아이 말에 대한 반응, 아버지의 관심, 교육에 관한 관심, 아이의 실수, 잘못, 반항, 형제 간의 갈등 등에 대한 대처법 등

5. 기타 담임 선생님이 꼭 알고 이해할 사항과 바라는 점

유의하실 부분

1. 상담은 비밀 유지가 원칙입니다.

2. 상담 시간 : 15분~20분, 최대한 신청 시간에 맞추고자 하였으나 많은 분들의 시간대가 겹치므로 조정되기도 했습니다. 양해해주세요. 조정된 시간이 어렵거나 상담 방법의 변경을 원하시는 분은 따로 연락 주세요. 이번 기회가 아니어도 언제든 상담의 문은 열려 있습니다. 상담 시간보다 일찍 들어오시거나 늦게 오시지 말고 시간을 맞춰주세요.

3. 일체의 음료수, 간식 등은 들고 오지 않습니다.

＊ 아이를 아는 만큼 보게 되고, 보이는 만큼 이해하게 되고, 이해하는 만큼 적절한 도움을 줄 수 있습니다. 감사합니다.

1학기 상담을 마치며 드리는 글

먼저 바쁘신 와중에도 함께해주신 우리 부모님들, 감사합니다.

상담을 하면서 가장 많은 부분을 차지한 것은 교우 관계, 학습 태도 부분이었습니다. 이와 관련하여 우리 ㅇ학년 ㅇ반이 더 행복해지기 위한 길라잡이를 말씀드립니다.

교우 관계, 선생님과의 관계, 학부모와의 관계

우리 학급의 모토는 '존중의 대화를 생활화하는 어린이' 라는 것 다 알고 계시지요?

학급은 우리 친구들이 1년 중 가장 많은 시간을 보내며 경험하는 최고의 사회 집단입니다. 다양한 성격과 기질을 가진 친구들이 한 선생님을 중심으로 1년을 함께하며 친구들과는 어떻게 놀아야 하는지, 함께 놀다가도 때론 내가 불편한 일을 겪을 때 어떻게 해야 하는지 고민도 하며 삶의 방향과 에너지를 결정한다고 볼 수 있지요.

저는 아이들에게 이렇게 말합니다.

"부모님이 24시간 따라 다니는 것 아니고 평생 너희 곁에 있는 것도 아니야. 부모님이 도와주는 데는 한계가 있고 우리 친구들 스스로 지금부터 문제 해결력을 기르고 스스로 선택과 결정도 해보고 그 결과에 책임도 져야 해. 친구가 없는 생활은 어떨까? 학교 와서 즐거운 것 중 하나가 친구와 즐겁게 노는 거잖아. 그럼 나와 놀아주는 친구와 잘 지내고 내 옆에 있는 사람과 잘 지내기 위해선 그 사람 마음도 읽으면서 자기가 고민되고 걱정되는 것에 대해서도 솔직하게, 기분 나쁘지 않게 표현하는 방법을 익혀야 해. 선생님도 옆에서 도와줄 거야. 우리 ○학년 ○반 친구들은 그렇게 할 수 있겠지?"

이것이 바로 우리 친구들이 저와 1년 동안 함께하면서 터득할 존중의 대화의 방향입니다.

존중의 대화는 아주 큰 비중 있는 문제를 소재로 하여 이루어지는 것이 아닙니다. 아이들은 사소한 신체적 접촉에도 예민하여 기분 나빠 하거나 친구가 의도하든 의도하지 않든 잘못을 했는데도 미안하다고 바로 사과하지 않아 기분이 나쁠 때, 나의 자존심을 상하게 했다고 여겨지는 경우 등입니다.

아이들이 경험하는 일의 경중에 따라 제가 중재하며 지도하되 본인들의 문제이니만큼 스스로 풀어가도록 기회를 줍니다.

자기의 느낌은 뭔지 내가 원하는 욕구(바라는 것)는 무엇인지, 이것을 솔직하게 어떻게 표현해야 하는지, 또 문제 해결 과정에서 상대방의 느낌은 어떠했는지 공감하는 훈련을 계속하면서 우리 친구들의 소통 능력과 인간관계에 대한 삶의 질을 높여줄 것입니다.

또 존중의 대화를 기본으로 하되 생활 지도 부분에서 교사가 판단하기에 부모님도 함께 아셔야 할 상황이 있습니다. 그때는 제가 직접 연락을 드려서 도움을 요청합니다. 이때 우리 부모님들이 도와주실 부분은 학급에서처럼 아이에게 어떻게 된 건지, 너의 생각은 무엇인지, 네가 해결책을 낸다면 어떤 해결책이 나오겠는지 등을 대화법으로 꼭 지도해주시는 것입니다. 그래야 아이가 선생님과 부모님이 한편이 되어 나를 돕는다고 느끼면서 학교생활을 잘하게 됩니다.

제가 따로 연락드릴 때는 부모님과 한 팀이 되어 돕고자 하는 것이고 아이에 대해 나쁘게 낙인을 찍는 것도 아니니 너무 걱정하시지 않으셔도 됩니다.

신뢰가 함께하면 교육은 희망이 있습니다.

부모님 품을 떠나 학교에 오면 모두 제 자식과 다름이 없습니다. 그래서 교사로서 부모님의 마음을 헤아리며 진정으로 열과 성의를 다해 돕고자 노력하는 것이니 저를 더 믿고 지지해주시면 저도 더 힘이 나서 아이들을 세심하게 돌볼 수 있습니다.

다른 학부모들이 내 아이를 어떻게 볼까에 대해선 모두 다 자식 키우는 입장인지라 한마음으로 이해하실 테니 염려하지 않으셔도 될 듯합니다.

학급 안에서 1년을 생활하다 보면 아이들 상황이라는 게 엎치락뒤치락입니다. 오늘은 다른 아이가 엉뚱하고 부모 보기에 마음에 들지 않는 사항이 빚어질 수도 있지만 다음엔 내 아이가 또 이러한 상황을 만들 수 있습니다. 정말 장담 못하는 일들이지요. 좋은 일 칭찬할 일은 되도록 많은 사람이 있는 곳에서 큰 소리로 해주셔도 되지만, 다른 아이에 대해 혹시나 지나가는 말로라도 "ㅇㅇ가 ~~했다"며 다른 사람에게 말을 옮겨서 양육 스트레스가 될 수 있는 말은 삼가해주세요.

모두 부모 된 한마음으로 다른 자녀의 잘못도 너그러이 받아주실 것이라 믿습니다. 아이니까 '그럴 수 있다'라는 인식 말입니다. 그렇게 하실 수 있겠지요?

그래야 학부모 간에도 서로 얼굴 붉히거나 불편한 일이 없습니다.

아이들이 학교생활에 대해서 선생님과 친구들에 대해서도 불편한 상황을 전한다면 그것 또한 먼저 공감해주시고 어떻게 해서 너는 그렇게 생각하는지, 그때 상대방은 어떤 생각으로 그렇게 하였을지 등을 함께 생각해보고 해결 방안을 아이 머리로 이끌어낼 수 있도록 부모님은 질문만 지혜롭게 잘 해주세요. 정답은 자신이 더 잘 알고 있으니까요.

아이들이 앞뒤 상황을 정확히 전달하기보다 자신이 불리한 부분은 쏙 빼고 전달하기도 하니 그럴 땐 인간의 마음이 다 똑같은지라 불리한 부분은 피하는 것이라고 보시면 좋겠습니다.

학습 면

기분 좋은 뇌가 공부를 잘하고 가정에 따뜻함, 사랑, 긍정의 에너지, 안정, 인정받는 것이 존재해야 아이가 학교생활에 적응도 잘합니다. 부모님들이 꾸준히 학습에도 관심 가져주시고 지도해주신 덕분에 우리 친구들이 잘 따라오고 있습니다.

우리 친구들과 공부하며 한층 기를 살려주다 보면 공부가 쉽다라고 말합니다. 공부의 재미를 주기 위해 놀이처럼, 퀴즈처럼 진행하기도 합니다. 그러면 우리 친구들은 공부는 별로 안 하고 놀았다고 표현을 하고 즐거워합니다. 우리 친구들의 이런 모습을 보면 정말 귀엽고 아이들이 공부를 즐겁게 해주니 가르치는 저로서도 정말 뿌듯하고 보람이 큽니다.

공부 시간에는 배움 공책을 이용해 수업 내용을 잘 이해하고 있는지 정리하거나 아이들의 의사소통 능력과 문제 해결 능력을 높이고자 모둠 토의를 자주합니다.

글을 쓸 때 맞춤법은 중요하지 않습니다. 내용의 질을 보니까요.

배움 노트는 여기저기에 쓰지 말고 한 권의 노트에 잘 활용하도록 살펴주십시오.

여러 명이 함께 생활하는 학급이다 보니 제가 학습 기록 상황을 개인별로 파악하기에는 어려움이 있습니다. 학교에서 공부 시간에 어떠한 공부를 어떻게 하고 있는지 늘 관심 갖고 살펴주시면 아이의 학습 태도 정착과 학습 효과에도 큰 도움이 됩니다.

노트를 확인하시다가 최선을 다한 흔적이 보이면 그냥 확인만 하지 말고 예쁜 격려 문구라도 써서 아이에게 힘을 주세요. 알림장에도 격려 문구가 확인되면 아이들이 더욱 힘을 얻고 매우 좋아합니다. 바쁘시더라도 조금 더 정성을 들이면 아이의 자존감이 높아집니다.

학습 태도는 아직 움직임 욕구가 많다 보니 바른 자세를 유지하는 것과 수업 시간의 집중도가 높지 않습니다. 5교시까지 앉아서 수업을 받는다는 것이 어른들도 힘든데 아직 어린 아이들이야 오죽하겠습니까? 그래도 비교적 잘 적응하고 있고 또 부족한 부분은 제가 인내하며 기회를 주고 다시 또 기회를 주며 대화법으로 잘 지도하고 있습니다. 개인차가 있긴 하지만 조금씩 나아지고 있으니 너무 염려하지 않으셔도 됩니다.

다만 학교생활 중 개인 행동을 하거나 부정적 표현을 표출하는 것은 즐거운 학교생활에 도움이 안 된다는 것만 부모님들께서 꾸준히 일러주시고 학교 교육에 대해서도 아이들이 부모님의 긍정적 지지를 보고 자랄 수 있도록 부탁드립니다.

상담 주간에 집중하여 여러 분을 상담하다 보니 몸은 좀 힘들었지만 그 어느 때보다도 마음은 뿌듯했습니다. 학교에서 미처 볼 수 없었던 아이의 내면 모습을 더 깊이 있게 알 수 있었고 제가 도와줘야 하는 부분이 무엇인지, 학급을 어떻게 이끌어가야 하는지 등에 대해 다시 한번 큰 도움을 받아서입니다.

　아이에게 있는 약점, 양육 중에 고민되는 부분은 빨리 고치려고 하기보단 좀 더 마음의 여유를 갖고 속도를 조절하는 게 필요합니다. 또 아이와 대화나 감정 코칭이 잘 안되더라도 다섯 번 시도하여 그중 한 번만 성공해도 대단한 것이니 계속 꾸준히 가정에서도 함께했으면 합니다. 중요한 것은 마음을 알아준다는 겁니다. 그것만으로도 아이한테는 큰 위로가 되니까요.

　부모님은 내 아이의 전문가, 저는 학교 교육의 전문가잖아요. 소통의 문은 언제든지 열려 있으니 아이에 대해 고민되는 부분이 있을 땐 언제든지 연락 주세요. 제가 도움이 될 수 있다면 최선을 다해 돕겠습니다.

　마지막으로, 우리 친구들을 좀 더 이해하고 사랑하며 학급을 운영하겠습니다.

　글이 좀 길어졌는데 이제는 저만 더 잘하면 될 것 같습니다.

　우리 부모님들 힘내세요!!

　우리 아이들을 씩씩하고 건강하게 키워주셔서 감사드립니다.

내일은 우리 학교 공개의 날입니다.

아이들의 일상에서 가장 많은 부분을 차지하는 수업은 어떻게 진행되고 있는지, 우리 아이가 잘 따라가고는 있는지 많이 궁금하시지요?

수업 참관을 오시는 부모님들께서는 우리 친구들이 아직은 어리다는 사실을 다시 한 번 생각하고 오시면 좋지 않을까 해요.

우리 반의 장점은 활발한 의사소통이며 생활 속의 문제 해결부터 학습의 진지한 접근까지 서로 존중하며 소통하는 분위기로 학습을 진행하고 있습니다. 덕분에 아이들은 자신의 생각을 자유롭게 말할 수 있으며 생각이 나지 않을 땐 패스하기도 하고 발표가 어색하면 흑기사가 나서기도 해요.

그런데, 막상 공개 수업을 할 땐 평소와는 다른 모습을 보인답니다. 쑥스러워 발표하기를 힘들어하던 친구들도 지금까지 흑기사를 쓴 적은 아직까지 없었습니다. 이것은 왜일까요?

우리 친구들은 부모님이 옆에 계시면 기분이 좋아져 더 힘을 내고 잘하기 위해 노력합니다. 이것은 아마도 자신을 가장 응원해주고 사랑해주는 사람 앞에서는 더 잘 보이고 싶은 마음일 거라 생각이 됩니다.

그러다 때론 기분이 너무 좋다 보니 가끔 오버하거나 아니면 긴장하여 평소보다 더 실력 발휘를 못할 수도 있어요. 하지만 이 모습 또한 더욱 최선을 다하는 것이니 '예쁘다~, 예쁘다~' 하며 긍정적으로 지지하고 격려해주세요.

우리 친구들 공부하는 모습을 보다 보면 부모님 마음에 흡족할 수도 있지만 혹여나 기대에 미치지 못하여 아쉬운 부분이 있을 수도 있어요.

하지만 가장 중요한 건 학교생활에 대한 적응력입니다. 절대 다른 친구들과 비교하지 마시고   아이의 존재 자체를 긍정해주시며 '우리 ○○ 사랑한다', '최고야!' 하고 표현해주시면 아이도 기분 좋게 앞으로 더 잘하려고 할 겁니다.

내일 오셔서 많은 힘을 실어주세요!!

내일 뵙겠습니다.

학급 밴드에 아이들 사진 보시니까 어떠신가요?

아이가 생활하는 모습을 보시니 반갑고, 궁금한 점도 풀리고, 아이가 잘 자라는 모습을 보고 뿌듯해하실 거라 생각합니다. 그리고 마음 한편으로는 왜 내 아이는 활달하지 않을까, 다른 애보다 못하는 것처럼 보일까 하고 약간 걱정되고 속상한 마음도 드실 거예요.

사실 교사들도 밴드에 사진을 올릴까 말까 망설이는 이유가 비슷해요. 밴드를 통해서 아이들이 생활하는 모습과 수업하는 과정을 사진에 담아 아이들이 무엇을 어떻게 배우는지 궁금증을 풀어드리고 싶은 게 교사의 솔직한 마음입니다. 그런데 부모님들께서 가지시는 아이에 대한 걱정, 간혹 빠진 아이 사진에 대한 서운함을 풀어드릴 방법이 없기 때문에 고민 끝에 밴드 운영을 포기하는 거지요.

밴드를 운영하면서 부모님들께 정보를 제공하는 것이 교사의 의무는 아닙니다. 또한 글과 사진을 올리는 것은 매우 번거로운 일입니다. 그럼에도 불구하고 교육이 가정과 학교와의 협력으로 이뤄지는 것이고, 안내장과 알림장으로 표현할 수 없는 부분에 대해서 자세하게 안내를 해드리고, 부모님들의 궁금증을 풀어드릴 수 있는 장점이 있기 때문에 점차 밴드를 운영하는 교사들이 늘어나고 있습니다. 요즘에는 클래스팅이나 카톡 단체방을 운영하기도 합니다.

그렇다면 부모님들의 불편한 마음과 서운한 마음은 그냥 감수하시기를 바라는 것이 제 마음일까요? 그렇지 않습니다. 부모님의 불편한 마음은 왜 생길까요? 부모의 불편한 마음은 '아이가 잘 성장할 수 있을까?' 하는 성장에 대한 불안에서 옵니다. 그리고 그 불안은 주로 '다른 아이와의 비교'에서 나옵니다.

아이들에겐 각자 성장의 속도가 있습니다. 아직 아이가 어떤 것에 재능이 있을지 알기 어렵습니다. 친구들과 함께 생활하면서 기본적인 생활 습관을 배우고, 학교생활 속에서 다양한 체험을 통해 균형 있는 발달을 할 수 있도록 교사의 도움을 받습니다. 똑같은 내용을 배우긴 하지만 아이들마다 성격과 사회성, 관심사, 발달의 속도, 그날의 몸과 마음의 상태, 집과 학교에서의 분위기 차이, 아이들의 집단 역동으로 인해 각각 다른 모습을 보입니다. 때로는 평소와 많은 차이를 보일 때도 있습니다.

아이들이 균형 있게 자라면서도 자기 성장의 결대로 자라나기 위해서는 우리 부모님들께서 아이들을 있는 그대로 바라봐주셔야 합니다.

"ㅇㅇ아, 다 즐겁게 춤추고 있는데 너는 왜 조금만 움직이니?"

"모둠 활동을 할 때 같이 열심히 해야지, 너만 왜 딴짓을 하는 거아?"

"다른 애들은 그림 거의 다 그렸는데, 너는 색칠도 하나도 안 하고 뭐하니?"

이렇게 말씀하시면 아이의 기분이 어떨까요? 아이가 자신감을 잃습니다. 다음 번에 비슷한 활동을 할 때 더 위축됩니다. 아이의 문제는 어느 정도 아이의 문제로 남겨둬야 합니다. 때로는 모른 척하고, 때로는 기다려주고, 때로는 칭찬해주고, 때로는 격려해주고, 때로는 속상한 마음을 공감하며, 아이 얘기를 들어줘야 합니다.

좀 더 말씀드리면 부모님들은 자신이 창피한 겁니다. 아이에 대한 걱정과 아울러 아이가 잘못하면 마치 자신이 잘못한 것 같은 생각이 듭니다. 어머님들 잘못이 아니라 과학적으로 입증된 엄마의 뇌 구조가 그렇습니다. 아버지들은 보통 별것 아닌 것으로 여기시기도 하지만, 때로는 '저래서 사회 생활이나 나중에 제대로 하려나' 하는 걱정이 앞서서 혼내시기도 합니다. 부모님들은 담임 교사가 부모인 나를 비난하지 않을까, 우리 아이를 나쁘게 보지는 않을까, 앞으로 학교생활을 잘할 수 있을까 하는 불안에 휩싸이게 됩니다.

자녀를 낳아 키우는 부모니까, 자녀를 사랑하시니까 그런 마음이 드는 것은 자연스러운 감정입니다. 그러나, 이런 본능적인 감정은 아이의 균형 있는 발달을 위해 조절해야 합니다.

사진 속에 드러난 모습에 너무 의미 부여를 하지 않는 것이 좋습니다. 만약 아이 사진이 전혀 없었다면 아이에 대한 궁금증만 커졌을 것입니다. 또한 부모님 보시기에 잠깐 부정적으로 보이는 모습들도 다른 국면에서는 안 그런 경우가 더 많습니다. 잘하는 것이 있으면 못하는 것이 있기 마련입니다. 정도가 심하지 않다면 교사들은 이를 성장 과정 중 생기는 자연스러운 일부분으로 봅니다. 누구나 겪는 성장통이라고 생각합니다.

아이들은 변화 가능성이 무궁무진합니다. 아이의 균형 있는 성장에 지대한 영향을 끼칠 정도의 문제라면 교사가 부모님께 직접 상의를 드릴 것입니다. 그리고, 혹여나 아이가 어떤 문제를 갖고 있다 할지라도 전통적인 방법으로 혼을 내고 체벌하고, 비난하고 자유를 지나치게 제한하는 방식은 효과도 없을 뿐더러 도리어 아이의 성장을 저해하고, 아동 학대의 가능성까지 있습니다.

학부모 밴드의 아이들 활동 사진은 아이들의 생활 모습을 볼 수 있는 반가운 기회로 삼아주세요. 그래도 못 보는 것보다는 사진을 통해 보는 것이 나으시지요?

아이를 혼내기보다는 칭찬과 격려를 해주시고, 자연스럽게 부모와 자녀와 대화의 시간을 갖는다면 아이들은 부모님께서 관심을 가져주시는 것에 대해 감사할 것이고, 학교에서 했던 의미 있는 교육 활동에 대해 다시 한 번 생각할 수 있는 좋은 기회가 될 것입니다. 또한 부모와 자녀 사이가 가까워지고 보다 친밀해집니다. 그것이 아이의 자존감과 가족의 친밀함을 높여, 학교생활에도 긍정적 영향을 미칩니다.

저 또한 사진을 올릴 때는 좀더 신중하게 올려서 부모님들께서 너무 걱정하지 않으시도록 하겠습니다. 한 가지 다행스러운 점은 내가 내 아이만 보듯이, 다른 부모들도 자기 아이만 본다는 사실입니다.

간혹 다른 아이를 볼 때도 있지만, 주된 관심사는 내 아이이기 때문에 너무 부담 갖지 않으셔도 됩니다. 이것은 학부모 공개 수업 때도 마찬가지입니다. 우리 아이에게 가장 관심이 많은 분은 우리 부모님들이시니까요.

교육은 가정과 학교가 함께 이뤄가는 아름다운 하모니입니다. 저도 아이들의 성장을 위해 학교에서 최선을 다하겠습니다. 부모님들 목소리에도 귀를 기울이고, 우리 아이들을 자세히 들여다보며 아이들이 행복한 학교생활을 만들어가겠습니다.

지금까지 그렇게 해주신 것처럼, 앞으로도 따스한 눈으로 지켜봐주시길 부탁드립니다.

1학기를 마치며 드리는 글

처음 만날 때 2학년 생활에 대한 기대와 설렘을 갖고 만났었는데 이렇게 한 학기를 마치게 되었습니다.

우리 아이가 학교에 가서 친구들과 잘 지낼 수 있을까?

아직 어린데, 학교생활에 어려움 없이 잘 적응할 수 있을까?

이러한 우리 부모님들의 걱정을 뒤로 하고 우리 친구들은 첫날부터 학교생활에 너무나 즐겁게 잘 적응하고 뭐든지 학교에서 하는 것을 감사하게 여기며 항상 "○○초등학교 최고! ○학년 ○반 최고!"라고 외쳤습니다.

우리 친구들이 이렇게 정서적으로 안정되어 즐겁게 잘 적응하도록 늘 애써주신 우리 부모님들! 교과 학습 면에서 뒤처지지 않도록 늘 살펴 지도해주시고 생활 인성 면에서도 친구들에게 피해를 주지 않고 배려하면서 바른 인성을 가지고 공동체에 적응하도록 관심을 가져주시고, 존중의 대화를 통한 문제 해결과 노력하고 연습하면 할 수 있다는 저의 교육관과도 함께해주셔서 한 학기 동안 우리 2학년 ○반에서는 이 긍정의 힘을 바탕으로 큰 변화와 발전이 있었습니다.

우리 친구들, 더운 날씨에 많이 지치고 힘들었을 텐데 한 사람도

빠짐없이 끝까지 모두 한 학기 잘 마무리했습니다. 대단하고 기특힙니다. 우리 친구들이 이렇게 잘 성장하도록 도와주신 우리 부모님들께도 큰 감사를 드립니다.

여름 방학을 통해 학교에서 해줄 수 없는 다양한 경험을 많이 하고 즐겁고, 건강하고, 안전하게 방학을 보내고 개학식을 통해 다시 뵙겠습니다.

감사합니다.

안녕하세요. 학부모 상담이 다음 주에 시작됩니다.

지난 1학기에도 부모님들께서 우리 아이들의 성장을 위해 진솔하게 말씀해주시고, 담임 교사의 이야기를 잘 들어주셔서 감사했습니다. 덕분에 저는 우리 아이들 개개인의 특성을 이해하며 지도할 수 있었고 또 저를 믿고 지지해주시는 부모님들의 응원으로 인해 교사로서도 더욱 사명감을 가지고 교육을 할 수 있었습니다.

2학기를 시작한 지 3주가 지난 지금은 우리 아이들도 예전보다 더 적응력도 좋아지고 공동체에서 어떻게 해야 하는지 조금씩 더 알고 성장해가고 있으며 개인적인 장점들도 눈에 많이 띄네요.

2학기 상담은 이렇게 진행할까 합니다.

가. 1학기를 지내며 우리 아이의 성장한 모습들 나누기

- 부모님 보시기에 2학년이 되어 대견스럽고 뿌듯한 모습들
- 선생님이 보는 우리 아이의 잘하는 점, 인정해주고 싶은 모습들

나. 양육에 고민이 되는 부분 함께하기

다. 3학년을 준비하며 : 발달 특성에 대한 이해

저학년 시기는 감정 기복이나 화, 욕구 표현 등에서 솔직한 표현의 시기로 아이의 발달 특성을 이해하고 존중하며 있는 그대로 자세히 들여다보는 게 중요합니다. 감정은 받아주고 공감하며 읽어주되 때론 마음이 풀리도록 무관심할 필요도 있어요.

'내 아이만 그런 걸까?' 하는 불안은 안 가지셔도 됩니다. 중요한 건 아이 스스로 '내가 괜찮은 사람이다!'라는 존재에 대한 긍정적인 생각이 밑바탕으로 깔려 있어야 합니다.

존재에 대한 긍정, 바람직한 행동을 더욱 이끌어줄 수 있도록 하는 강화, 행동에 대한 한계 제시는 분명히 하며 일관된 양육 태도를 보일 때 아이는 부모를 더욱 신뢰합니다.

라. 우리 아이 지도에 더욱 힘을 실어주었으면 하는 바람 나누기

상담 시 유의하실 부분

1. 상담하는 날은 '우리 아이 칭찬하는 날'입니다. 우리 아이가 학교생활을 잘하는 것은 선생님과의 신뢰 관계가 형성되고, 부모님이 나를 지지해주고, 내가 정말 괜찮은 사람이라고 느꼈을 때랍니다. 이때 아이의 적응력은 더욱 빛을 발합니다. 혹여나 지적하고 싶은 부분이 있더라도 상담 날은 칭찬만 하시고 최소한 이틀 뒤에 지적해주세요.

2. 상담 원칙 − 비밀 유지

3. 상담 시간 – 20분 이내

아이들 알림장에 붙여진 상담 시간에 맞추기 어려운 경우, 상담 방법 변경 및 시기 조절이 가능합니다. 또 이번에 못 하셨더라도 미리 연락 주시면 언제든 최선을 다한 상담이 가능합니다. 상담 때 뵙겠습니다. 감사합니다.

PS. 상담 때 아빠도 시간이 되시는 분들은 쑥스러워하지 마시고 함께 오세요. 환영합니다. 엄마 중심으로만 해야 한다는 틀을 깨고 부모가 함께 보면 아이 교육이 또 달리 보입니다.

바쁘신 와중에도 학교 상담에 귀한 시간 내주시고 참여해주신 학부모님, 감사합니다.

상담 오시기 전 부모님들께서는 아마도 '우리 아이가 학교생활은 잘하고 있는지, 인정받는 부분과 보완이 필요한 부분은 어떤 건지, 가정에서 보는 모습과 차이가 있는지, 친구와의 갈등 시 불편한 점은 잘 풀어가는지' 등 많이 궁금하셨을 것 같아요.

저 또한 우리 친구들이 저를 만나 지금까지 학교생활을 하면서 '가정에선 어떠한 성장 변화가 있었을까? 교사로서 어느 선까지 어떠한 방법으로 도와줘야 최선일까?' 등을 많이 고민하면서 상담을 했습니다.

우리 반 성장 이야기

우리 반의 보편적인 특징은 초등 2학년으로서는 정말 최고의 문제 해결력과 학습 욕구에 대한 적극성, 긍정적인 학급 분위기라고 생각합니다.

[문제 해결력] : 항상 '그럴 수 있다!'라는 이해의 표현은 아이들이 문제

상황에 직면하여도 당황하여 울음을 터트리지 않고 침착하게 대처하며 해결하게 합니다. 예를 들어 우유를 바닥에 엎질러도, 준비물이 덜 갖춰져도 말이죠.

학습 욕구에 대한 적극성 : 학습을 진행할 때, 조금 어려워도 기죽지 않고 적극적으로 참여합니다. 자신은 포기하지 않는다며 열심히 할 거라고 큰소리치며 공부하네요. '나는 못 해. 어려워!' 하고 포기하는 아이는 없어요. 해보겠다고 굳은 의지를 보이는 면이 매우 기특합니다.

긍정적인 학급 분위기 : 선생님 마음속에 들어왔다가 나온 듯 선생님을 이해하고 마음을 알아주며, 스스로 긍정적으로 바뀌기 위해 노력하고, 열심히 해보려고 애쓰고 있는 친구들이 많습니다. 이러한 아이들이 있어서 참 감사하고, 이래서 정말 아침에 학교 올 맛이 나는 것 같아요.

학교생활에서 고민되는 부분

 – 여자친구들이나 내향적인 아이를 키우는 부모님들의 염려 : 우리 아이가 불편한 일을 당하고도 잘 대처하지 못하는 것 아닐까?

 – 남자친구들이나 활달한 아이를 키우는 부모님들의 염려 : 우리 아이가 수업 분위기를 망치지는 않을까? 다른 친구들에게 피해를 주면 어떡하나?

 – 선생님의 염려 : 아이들의 기질과 능력을 그 결대로 존중하면서 더불어 사는 지혜를 잘 지도하고 있는 걸까?

다양한 사람들이 만나서 공동체 생활을 하는 만큼 갈등은 늘 존재해요. 특히나 저학년들처럼 자기중심성과 충동성이 강할때는 더욱 그렇죠. 중요한 건 갈등 속에서 내가 어떻게 이 갈등을 건강하게 풀어나가느냐입니다. 아이에게 설령 부정적인 경험이 있다 하더라도 긍정의 에너지가 많으면 충분히 씩씩하게 이겨낼 수 있는 힘이 있어요. 아이들의 긍정의 힘을 믿고 이 부분을 꼭 신뢰해주셨으면 합니다. 이 긍정의 힘은 학급을 지도하면서 특히 많이 경험하는 부분입니다.

아이가 개선되길 바라는 부분이 있어도 부모님 생각대로 빨리 바뀌는 것은 어렵습니다. 많은 시간과 꾸준한 노력을 필요로 하지요. 아이의 모습을 수용하면서 조금씩 공동체에 더욱 씩씩하게 적응하도록 도와주는 것이 아이와 부모, 교사가 승리하는 전략입니다. 아이의 변화에 가속도가 붙는 것은 교육자의 태도가 일치할 때입니다. 선생님과 부모님이 서로 신뢰하고 자주 소통하여 도와주면, 아이는 부모와 교사에게 서로 다른 언행을 보이지 않고 건강한 학교생활을 합니다.

요즘 2학년

2학년의 발달 특성은 학교생활에 긍정적인 모습이든 부정적인 모습이든 더욱 가속도가 붙는다는 것입니다.

우선 언어가 되어야 다른 과목에 학습 전이가 일어납니다. 듣기, 말하기, 읽기가 충분히 이루어지도록 아이들이 큰소리로 또박또박 책을 읽고 글 쓰는 훈련이 필요합니다. 그래야 발표력에 탄력이 붙습니다.

학교생활에 긍정적이고 문제 해결력을 지니며 스스로 해보려는 의지가 있는 친구들이 더 많은 리더십을 경험하게 됩니다. 참 감사하게도 제가 맡은 친구들이 학년을 올라가면서 학급 임원이 되며 리더십을 키우는 경우가 많습니다.

또래 관계가 확대되고 강화되는 면에서 부모님들이 주의하실 부분 중 하나를 말씀드린다면, 아이들 스마트폰 사용에 주의를 하시고 살펴주세요. 부모님도 알고 계셔야 나중에 놀라지 않고 대처합니다. 부모님이 최대한 차단하고 막는다 해도 다 막을 수 없는 것 같아요. 중요한 것은 아이들의 분별력을 키워주어야 하는 것입니다. 인터넷이라는 정보의 바다에서 나에게 유익하고 필요한 정보만을 선택하고 활용할 수 있는 능력, 괜한 호기심은 버리고, 관심 두지 않는 능력! 저는 이 능력이 컴퓨터와 스마트폰을 사용할 수밖에 없는 우리 현실에서 부모님이 아이에게 가르칠 수 있는 방법 중의 하나라고 생각합니다.

한 사람이 잘되기 위해서는 좋은 사람을 만나야 합니다. 좋은 사람이 내가 되어야 합니다. 저는 2학년 ○반을 통해 예쁘고 좋은 아이들을 만났습니다. 선생님을 신뢰하고 아이들을 격려해주시는 좋은 학부모님들을 만났습니다. 더욱 좋은 영향을 줄 수 있는 교사가 되겠습니다. 감사합니다.

작년 3월 우리 친구들을 맞이하기 전 '과연 올해 만나는 친구들은 어떤 친구들일까?' 참 기대도 되고 설레었습니다. 2학년 ○반을 찾아 제 앞에 한 명 두 명 모여드는 아이들을 볼 때 귀여운 아기 새들이 둥지를 찾아오는 느낌이랄까요?

우리 친구들은 2학년 생활을 어색해하지 않고 선생님과 친구들과 함께 우리 ○○초 2학년 ○반이 언제나 최고라며 정말 적극적이고 즐겁게 생활했습니다. 친구들이 잘할 때는 시샘하지 않고 잘하라고 격려해주고, 힘들어하는 모습을 보일 땐 할 수 있다며 포기하지 말라고 서로를 응원했습니다. 하교할 때는 선생님 힘내라고 칠판에 하트도 만들어주고 큰 사랑을 담은 작은 쪽지 편지들도 주고 가곤 했지요.

"선생님 심부름 하고 싶은 사람?" 하면 쉬는 시간에 놀다가도 여러 명이 길게 줄을 서고, 우리 부모님들은 항상 우리 2학년 ○반에 긍정적인 격려와 지지를 아끼지 않으며 최선을 다해주셨습니다. 알림장이나 숙제에 적힌 부모님의 사랑의 피드백은 우리 친구들이 마음 깊은 곳에서부터 한층 더 안정된 사랑을 받고 있음을 느끼게 했습니다. 이는 아이들이 힘을 내는 원동력이 되었습니다. 아이들 가까이에서 함께하는 저는 이 부분이야말로 긍정의 학급 운영의 원동력이 되었음을 정말 많이 느낄 수 있었습니다.

올해 우리 친구들은 그 어느 때보다도 밝고 명랑했으며, 공부도 얼마나 즐겁게 했는지 모릅니다. 우리 백호들은 정말 역동적이면서도 가장 학습을 재미있어했던 애들이지요. 공부 욕심도 많고, 잘해보려고 하는 의지도 강하고, 주제를 던져주면 적극적으로 달려들어 해보려고 하고, 한 번도 심드렁한 표정을 지으며 포기하는 친구들이 없었으니까요.

우리 아이들과 함께한 일을 쓰다 보니 글이 너무 길어집니다만 마음에서 자꾸 우러나오니 그냥 쓰겠습니다. 우리 반은 기특하게도 1인 1역을 정하여 활동하지 않아도 처음부터 '스스로 할 수 있는 일은 스스로 찾아서 나누고 봉사하자'는 목표로 생활했습니다. 아침에 우유 상자 가져오는 일부터 분리 수거를 하는 것까지 제가 누구라고 정해 놓지 않아도 어느새 보면 우유가 아침에 배달되어 있고 어느새 보면 분리수거가 다 되어 있고 신발장 정리를 하고 오는 친구도 있고, 집에 갈 때도 도와주고 싶다며 정리하고 가는 친구들도 있었습니다.

정말 이런 기특한 친구들을 만난 것으로도 저에게는 참 감사한 한 해였습니다.

저학년때는 무엇보다도 중요한 것이 학교생활에 대한 적응인데 학교생활에 잘 적응하고, 이제는 모두 건강하게 잘 마치고 3학년으로 올려보낼 수 있어서 담임으로서 매우 뿌듯합니다.

　　우리 부모님!

　　우리 친구들이 이렇게 멋지게 학교생활을 잘할 수 있도록 뒤에서 잘 보살펴주시고 저를 믿어주시고 함께해주셔서 진심으로 감사드립니다. ○○○의 제자들은 부모님 기대보다도 더 멋지고 훌륭하게 성장할 겁니다.

　　항상 힘내시고, 건강하시고, 행복하세요.

　　감사합니다!

　　사랑합니다!

　　우리 부모님, 최고였습니다!

지혜로운 교사는
어떻게
학부모 상담을 하는가?

1쇄 발행 2021년 3월 17일
4쇄 발행 2023년 3월 22일

지은이 이상우

발행인 윤을식
책임편집 이미정
펴낸 곳 도서출판 지식프레임
출판등록 2008년 1월 4일 제2020-000053호
주소 서울시 동대문구 청계천로505, 206호
전화 (02)521-3172 ㅣ **팩스** (02)6007-1835

이메일 editor@jisikframe.com
홈페이지 http://www.jisikframe.com

ISBN 978-89-94655-93-2 (03370)